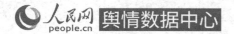

新媒体创新人才培养
系列丛书

新媒体
编辑实战教程

王昌云 王晓亮◎主编

葛敏敏 高伟籍 李舒怡◎副主编

New Media
Editing Practice Course

人民邮电出版社

北京

图书在版编目（CIP）数据

新媒体编辑实战教程 / 王昌云，王晓亮主编. -- 北
京 ：人民邮电出版社，2020.9（2024.1重印）
（新媒体创新人才培养系列丛书）
ISBN 978-7-115-52452-2

Ⅰ．①新… Ⅱ．①王… ②王… Ⅲ．①编辑工作—教
材 Ⅳ．①G232

中国版本图书馆CIP数据核字(2019)第240456号

内 容 提 要

本书共 7 章，主要内容包括新媒体的定义、现状和发展趋势，新媒体编辑的定义、基本要求和
工作内容，新媒体文案的定义、创作前的准备工作、创意方法和创作技巧，新媒体文案的主题选择、
标题设计、内容打造和视觉规划，新媒体编辑常用的各种编辑工具，新媒体运营的定义、内容运营、
用户运营、产品运营和活动运营，以及微博、微信、网络新媒体和新媒体文案的案例专题等。

本书可以作为本科院校、高职院校电子商务、新媒体相关专业的教材，也可作为新媒体从业人
员学习新媒体编辑和运营的工具书。

◆ 主　　编　王昌云　王晓亮
　　副 主 编　葛敏敏　高伟籍　李舒怡
　　责任编辑　刘　尉
　　责任印制　王　郁　马振武

◆ 人民邮电出版社出版发行　　北京市丰台区成寿寺路 11 号
　　邮编 100164　电子邮件 315@ptpress.com.cn
　　网址 https://www.ptpress.com.cn
　　固安县铭成印刷有限公司印刷

◆ 开本：787×1092　1/16
　　印张：13.25　　　　　　　　　　　2020 年 9 月第 1 版
　　字数：269 千字　　　　　　　　　2024 年 1 月河北第 4 次印刷

定价：49.80 元

读者服务热线：(010)81055256　印装质量热线：(010)81055316
反盗版热线：(010)81055315
广告经营许可证：京东市监广登字 20170147 号

前　言

　　新媒体以其形式丰富、互动性强、覆盖率高等特点，对政治、经济、文化等社会环境产生了巨大的影响。微信官方统计数据显示，公众号月活跃账号数已达到几百万个，这意味着新媒体这个行业需要大量的人才！然而，这个行业又太新了，人才极度缺乏，因此好的内容编辑与运营人才会被高价争抢。所以，越来越多的人希望加入这个行业。但是绝大多数人不了解这个行业，分不清新媒体编辑和出版社的编辑有什么区别，甚至根本不知道什么是新媒体，因此本书就应时而出了。无论是即将毕业的大学生，还是有一定工作经验的企业白领，若急需了解新媒体，学习新媒体编辑的技能，都可以阅读本书。

　　本书在编写过程中，以目前新媒体领域的文案编辑和运营岗位为依据，全面且系统地介绍了当前新媒体编辑的工作内容和职业方向，具有较高的指导价值和实用性。同时，本书并没有在一开始就介绍各类新媒体文案的具体写作方法与格式要求，而是首先介绍了与新媒体编辑相关的各种基础知识，如新媒体的定义、特点和类型，以及新媒体编辑的工作内容和基本要求等。这些内容可以使读者在正式学习新媒体编辑工作之前，就先对新媒体编辑这个概念有全新的认识，并为后面学习文案创作和编辑以及新媒体运营打下坚实的基础。接下来，本书详细讲解了新媒体文案的创作方法、编辑工具和具体运营工作，帮助读者了解新媒体编辑的各种具体工作，认识新媒体编辑这个职业。最后通过一些新媒体的实战案例来回顾本书所讲的知识，帮助大家进一步加深对新媒体编辑工作的理解。

　　【本书特色】

- ●从理论到实务，体系完善。本书对新媒体编辑的基础知识进行了全面的讲解，内容从新媒体和编辑岗位，到新媒体文案的创意实务和技能提升，再到新媒体运营的各种知识，形成了完善的课程体系。

- ●行业精英，经验分享。本书汇集了大量新媒体行业从业者和权威人士的新媒体编辑工作经验，涵盖了各种创新思维模式、营销手段、文案创意和各大经典实战案例。

- ●图文并茂，实操性强。本书在讲解中配有大量案例及实物图片，在各章的最后均提供练习，并在最后一章提供了新媒体实战案例。这些实操及练习，旨在引导读者成为一名优秀的新媒体编辑。

前言

　　本书在编写过程中，参考了大量的新媒体相关书籍，在此对这些书籍的作者和为本书的出版给予帮助与支持的朋友们表示衷心的感谢。对于书中的纰漏和不成熟之处，恳请读者批评指正。

编者

2020年6月

目 录

目录

> 第6章
运营推广

> 第7章
专题策划

第 1 章

新媒体概述

自2012年以来，国内新媒体用户持续增长，新媒体应用不断推陈出新，产业日趋活跃，新媒体的社会化水平日益提升，频频引发社会热点。

什么是新媒体？新媒体有哪些特点和类型？新媒体的现状如何？新媒体的未来发展又有哪些趋势？这些都是很多希望了解、学习和从事新媒体行业的学生、职场人士对新媒体最基本的疑问。本章就针对以上问题，主要介绍新媒体的基本情况，以帮助读者初步了解和认识新媒体。

1.1 » 界定新媒体

所谓新媒体是相对于传统媒体而言的，是在报纸、杂志、广播、电视这四大传统意义上的媒体之外的一种新的媒体形态，所以，新媒体被认为是"第五媒体"。清华大学的熊澄宇教授认为，新媒体是一个不断变化的概念，较之于传统媒体，新媒体自然有它自己的特点和类型。下面就介绍新媒体的相关定义、特点和类型。

1.1.1 什么是新媒体

"新媒体"在如今是一个被广泛使用的词，有人认为"跟计算机、网络相关的新的媒体形态，都可以称为新媒体"，也有学者把新媒体定义为"互动式数字化复合媒体"……虽然新媒体受到人们越来越多的关注，但人们几乎无法取得一个既标准又一劳永逸的定义。下面，我们就从新媒体概念的演变过程，以及该概念使用的不同环境和具体指向来介绍什么是新媒体。

1．新媒体概念的历史演变

现在所用的新媒体这一概念最早出现在20世纪60年代，更多是指电子媒体中的创新性应用。1967年，美国CBS（哥伦比亚广播电视网）技术研究所所长、NTSC电视制式的发明者P.戈尔德马克（P.Goldmark）发表的一份关于开发电子录像商品的计划中提出了"New Media（新媒体）"这个概念。1969年，美国传播政策总统特委会主席E.罗斯托（E.Rostow）在提交给尼克松总统的报告中也多处使用了"New Media"这个词语。

20世纪80年代，伴随计算机技术的发展，新媒体一词被引入中国，并被广泛普及。中国社会科学院冯昭奎认为："新媒体就是新的传播信息的媒体、工具，包括卫星通信、光纤图像通信、传真、计算机网络、双方向有线电视、文字广播等，这些传播信息的新工具具有十分灵活而多样的功能，其中有些功能是跨越'传统媒体'的分类的'多重功能'。例如双方向有线电视兼有广播与通信的功能（收看广播的观众可以直接与广播台对话），传真报纸兼有通信和出版的功能，文字广播则可认为是利用电波的出版业。"

20世纪90年代后期，随着我国全面接入Internet，新媒体与Internet开始紧密地联系起来。中国社会科学院新闻与传播研究所研究员明安香认为："新媒体包括光纤电缆通信网、图文电视、计算机通信网及互联网、大型电脑数据库通信系统、通信卫星和卫星直播电视系统、高清电视等。"

万维网（World Wide Web，Web）是Internet提供的一种具体的服务，到目前为止，万维网已经经历了从Web 1.0到Web 3.0的发展。在Web 1.0时代，很多人将新媒体等同于网络媒体，甚至将新媒体归类到网络媒体旗下，很少再使用新媒体一词。Web 2.0兴起后，微博、微信、网络社区和论坛等社会化媒体的应用形式广泛出现，由于其传播方式与网络媒体有明显的差异，就被认为是新媒体的表现形式，新媒体重新流行起来。

进入21世纪，随着手机通信技术的不断飞跃，功能手机向智能手机迅速转变，移动互联网开始进入新媒体领域。相对于网络媒体，手机客户端这种新的传播形式就被称为新媒体，而刚流行不过十年的新闻网站或门户网站则被重新划分到了传统媒体阵营。

专家点拨

网站被划分到传统媒体并不是学术界的划分，这更多是从时间角度来界定的。同样根据时间进行划分的概念也包括"新兴媒体"，这里的"新兴"是一个修饰用的形容词，"新兴媒体"不是"新媒体"，最好不要把"新兴媒体"当作一个学术性的概念。

从以上历史轨迹可以看出，在不同的历史阶段，新媒体的概念具有不同的含义，新媒体这个词语的含义也在不断地演变和进化。如果要对新媒体这个名词做一个明确的定义，是无法将不同阶段的新媒体都包揽进去的，因此我们只能关注其源流及演变过程，将目前这个阶段的新媒体概念界定清楚，并在一定程度上兼容未来发展。本书中对于新媒体一词的定义都是基于20世纪80年代后的新媒体，也就是立足于Web 1.0和Web 2.0时代进行界定的，原因是这一阶段的新媒体的基本特征较为稳定。

2．定义新媒体概念的角度

从新媒体概念的演变可以看出，在不用的使用环境中，定义的角度不同，对应的含义也有所不同。所以，在对新媒体进行定义前，需要先了解这个词有哪些使用的环境和不同的定义角度。

（1）传播介质的角度

最早的新媒体一词是指新的介质，从传播介质的角度来看，即便是现在，新媒体的概念仍然可以称为"新媒介"。当然，"媒体"与"媒介"这两个词意思相近，但是略有不同："媒体"一词强调的是传播主体（传播机构），或者强调介质的大众传播属性；而"媒介"一词通常用于新闻传播领域，强调的是传播介质这一属性。

在现代社会中，对于传播介质，人们似乎更偏向使用"新媒体"这个词，因为这个词比"新媒介"更符合人们的表达预期。例如，通常将"互联网"中的传播介质称为"网络媒体"而不是"网络媒介"，将"手机"这种传播介质称为"手机媒体"而不是"手机媒介"。

（2）传播形式和方法的角度

既然有传播介质，就会有传播的形式和传播的方法。作为新媒体，其传播的形式和方法也比传统媒体更加新颖。从互联网诞生以来，其传播形式和方法就在不断地变化和进步，从早期的新闻组和BBS（Bulletin Board System，电子公告牌系统），到后来的电子邮件、搜索引擎等，再到现在的博客、SNS（Social Networking Services，社会性网络服务，包括社交软件和社交网站）、微博、微信、App（Application，应用程序，通常指安装在移动设备中的应用程序）。所以，从传播形式与方法的角度来看，与互联网紧密联系在一起的新媒体也处于不断的变化和进步之中。

> **👤 专家点拨**
>
> 有很多理论涉及"新媒体的传播形态"一词，通常我们认为新媒体的传播介质、传播形式和传播方法等，共同构成了新媒体的传播形态。

（3）传播机构的角度

除了从传播介质和形式方面来定义新媒体外，通常所说的新媒体也可以看成基于新媒体渠道、平台提供信息服务的传播机构，例如互联网中的各种门户网站、微信公众号等。

对于传统媒体来说，为了适应社会的发展，在和新媒体的竞争中获得生存机会，也需要利用新媒体的渠道与平台来传播，如传统报纸的网络版。因此，我们可以从传播机构的角度出发来对新媒体机构做出更清晰的界定，从而定义新媒体。所以，新媒体主要是指基于新媒体渠道和平台来提供信息和服务的机构。

既然是传播机构，就会涉及管理的问题。从管理的角度来说，新媒体机构是指具有相应资质的、与新闻信息服务相关的机构。

（4）平台的角度

平台是指一种可用于衍生其他产品的基础环境，这种环境可能只用于产生其他的产品，也有可能在产生其他产品之后还会是这些衍生产品生存的环境。随着互联网的发展，新媒体不再仅有一种"媒体"属性，而是逐渐具有了"平台"的属性。因为很多新媒体不仅能够进行信息的传播，而且能作为一个社交平台帮助人们进行工作和生活信息的相互传递，或者作为一个经营平台，满足人们的各种物质和精神的需要，甚至作为一个交换平台，帮助人们交换各种物品。

从平台的角度出发，新媒体也可以定义为一个综合性的平台，人们可以通过这个平台来完成现实和虚拟社会之间的转换。

3．新媒体的定义

随着科技的飞速发展，新媒体越来越受到人们的关注，学界对新媒体的研究进一步加强，很多专家分别从不同的角度对新媒体进行了研究，并得出了以下一些关于新媒体的定义。

（1）新传媒产业联盟认为：新媒体是以数字信息技术为基础，以互动传播为特点，具有创新形态的媒体。

（2）美国《连线》杂志对新媒体的定义：所有人对所有人的传播。

（3）联合国教科文组织对新媒体的定义：以数字技术为基础，以网络为载体进行信息传播的媒介。

（4）清华大学新闻与传播学院教授彭兰对新媒体的定义：新媒体主要指基于数字技术、网络技术及其他现代信息技术或通信技术的，具有互动性、融合性的媒介形态和平台。在现阶段，新媒体主要包括网络媒体、手机媒体及两者融合形成的移动互联网，以及其他具有互动性的数字媒体形式。

目前比较流行的对新媒体的定义是：利用数字技术、网络技术，通过互联网、宽带局域网、无线通信网、卫星等渠道，以及计算机、手机、数字电视机等终端，向用户提供信息和娱乐服务的传播形态。

总的来说，新媒体是信息科技与媒体产品的紧密结合，也是媒体传播市场发展的趋势和方向。

1.1.2 新媒体的特点

现在有很多区分新媒体的方法，如通过技术维度和传播维度两个指标来区分，或者以信息传播的形式和关注度的高低来区分等。下面我们对新媒体所具有的共同特点进行介绍，符合这些特点的，就可将其称为新媒体。

1．交互性

传统媒体的传播方式是单向的，媒体负责传播信息，用户负责接收信息；但新媒体的传播方式却是双向的，传播者与接收者之间能够进行信息的相互传递。交互性是新媒体区别于传统媒体最大的特点，甚至有观点认为交互性是新媒体的核心所在。新媒体的交互性主要体现在以下两个方面。

（1）传播者与受众的信息交流是双向的

新媒体使得人们可以使用更为方便和廉价的信息交流渠道，如微信、微博等，每个个体在接收信息的同时也能够进行信息的构建与传播。以微信的传播模式为例，使用者在"刷朋友圈"的过程中扮演着信息接收者的角色，接收来自自己关注的微信账号的消息。而使用者在"发微信或发朋友圈"的过程中则扮演了信息提供者的角色，通过微信平台将自己的想法、状态等信息分享给自己的好友。在这种双向交流的环境中，传播者和受众是相互转换或者合二为一的，这就充分体现了新媒体的交互性。

（2）信息的控制权掌握在参与传播的个体手中

在参与者处于主导地位的传统媒体中，受众只能被动地接收信息，这是唯一的传播模式。而在新媒体环境中，受众可以根据自己个性化的需求选择自己感兴趣的内容进行接收，或者对信息进行再加工或再传播，这就充分体现出新媒体交互性强的特性。

新媒体传播信息，受众利用手机或互联网，通过评论、分享或转发这些信息，成为新的信息来源。同传统媒体相比，在新媒体中，个体的意见也成了信息本身的一部分，甚至可以决定未来的走向。

2．数字化

新媒体的数字化则是以信息科学和数字技术为主导，以大众传播理论为依据，融合文化与艺术，将数字信息传播技术应用到文化、艺术、娱乐、商业、教育和管理等领域。新媒体的数字化包括图像、文字、音频、视频等各种形式，以及在传播形式和传播内容中采用数字化，即信息的采集、存取、加工、管理和分发的数字化过程等。数字化的新媒体已成为信息社会中最新、最广泛的信息载体，几乎渗透到人们生活与工作的方方面面。

3．个性化

新媒体实现了信息传播与收阅的个性化，这里的个性化是指新媒体可以通过网络，基于信息用户的使用习惯、偏好和特点等，为每一位用户单独提供满足其各种个性化需求的服务。另外，受众也对信息具有同样的操控权，可以运用新媒体选择信息、搜索信息甚至定制信息。所以，新媒体的时代是一个"受众个性化"的时代，传统媒体中被动接收信息的受众转变为主动寻找和制作信息的受众，这是一个基于受众个人建立起来的双向交流的系统，受众提出个性化的需求，传播者提供个性化的服务。

> **🧑 专家点拨**
>
> 新媒体具有互动性、数字化、个性化等特点，数字化是本质，交互性是表现形式，个性化则是一种延伸。

4．价值和生命周期

媒体本身是具备价值的信息载体，媒体的基本价值由载体所具有的受众数量、信息传递的时间、传递条件，以及传递受众的心理反应的空间条件综合决定。新媒体作为媒体而存在，或长或短必须有其存在期间的价值体现，而这个价值体现的长短，就是生命周期。对于新媒体来说，其价值和生命周期存在正比关系，价值越大，生命周期就越长。

5．效应

效应也是新媒体的一种特性，这一特性是指新媒体必须具备影响特定时间、特定区域内的人的视觉或听觉反应的因素，从而产生相应的结果。例如，智能手机在21世纪广泛应用到人们的生活中，属于一种新型的信息载体，而且形成了巨大的效应，在特定区域和时间内几乎改变了人们的生活方式。

6．综合性的传播

新媒体传播是多种技术和途径的融合，其突出特点是高度的综合性。新媒体打破了传统媒体的单一分工和界限，催生了媒体之间的融合，使信息的传递更加全面翔实。例如，现在的电视和广播节目均可在网络新媒体上进行实时传播，公共重大事件在传统媒体上报道的同时，也会在微博或网站等新媒体中同步直播。从某种意义上说，新媒体传播是人类真实生活的还原，综合性的传播也成了新媒体自身相对于传统媒体的优势之一。

7．信息实时发布

新媒体在进行信息发布时无时间限制，可做到实时发布。新媒体使用强大的软件和网页呈现内容，可以轻松地实现全天候在线。

1.1.3　新媒体的类型

新媒体的种类很多，按不同的分类方式可以划分出不同的类型。

1．按传播途径进行分类

按传播途径的不同，可将新媒体分为4种类型，这是一种比较早期的新媒体分类方式。

◆ **基于互联网的新媒体：**这种类型的新媒体包括博客、电子杂志、网络视频、播客、群组和网络社区等。

◆ **基于数字广播网络的新媒体：**这种类型的新媒体包括数字电视和移动电视等。

◆ **基于无线网络的新媒体：**这种类型的新媒体包括手机电视、手机报、手机视频、手机网站、手机短信/彩信等。

◆ **基于融合网络的新媒体：**这种类型的新媒体包括IPTV（Internet Protocol Television，基于IP协议的电视广播服务）等。

2．按传播媒介进行分类

按传播媒介的不同，通常可把新媒体分为4种类型，这是现在使用较多的分类方式。

◆ **网络新媒体：**这种类型的新媒体包括门户网站、搜索引擎、虚拟社区、RSS（Really Simple Syndication，简易信息聚合）、电子邮件/即时通信/对话链、博客/播客/微博、维客、网络文学、网络动画、网络游戏、网络杂志、网络广播、网络电视、掘客、印客、换客、威客/沃客等。

◆ **手机新媒体：**这种类型的新媒体包括手机短信/彩信、手机报纸/出版、手机电视/广播等。

◆ **新型电视媒体：**这种类型的新媒体包括数字电视、IPTV、移动电视、楼宇电视等。

◆ **其他新媒体：**这种类型的新媒体包括隧道媒体、路边新媒体、信息查询媒体及其他新媒体等。

1.1.4 新媒体类型的演变

新媒体类型的多样化决定了其发展与进步的过程是快速和不断变化的，下面就通过介绍新媒体类型的演变过程来了解新媒体的概念。

1．网站的演变——从门户网站到微门户

网站是新媒体的一种重要表现形式，根据不同的分类方式可以将网站分为很多类型，例如，根据所用编程语言的类型可以分为ASP网站、PHP网站、JSP网站和ASP.NET网站等，根据网站的功能可以分为单一网站（如企业网站）和多功能网站（如网络商城）等。根据新媒体的定义，涉及的网站类型包括门户网站和微门户。

（1）最初的新媒体——门户网站

门户网站是指通向某类综合性互联网信息资源并提供有关信息服务的应用系统，它是第一代的新媒体类型，比较著名的门户网站包括新浪网、网易、搜狐网、腾讯网、百度、新华网、人民网等。

（2）网站的最新形态——微门户

微门户是以现有门户网站为基础，整合各种最新资讯和网站微博的一种移动互联网应用。

微门户拥有个性化资源订阅、社区化微博、精确全文云检索、原文查看、文章分享等功能，能智能聚合原有门户网站的信息资源，支持各种移动平台终端的访问。各种门户网站、企业网站、政府网站和校园网都有相应的微门户，如图1-1所示。

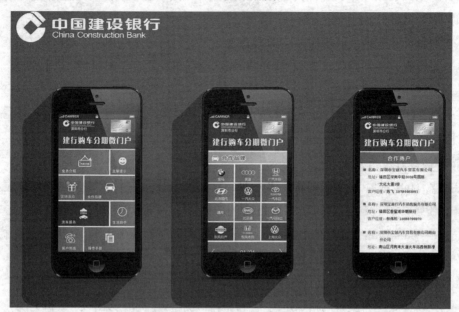

图 1-1　中国建设银行的微门户

2．邮件的演变——从电子邮件到EDM

邮件属于传统媒体，基于网络的电子邮件则是新媒体的一种重要信息传播方式，而作为基于电子邮件进行营销的EDM营销通常也被划归为新媒体。

EDM营销（E-mail Direct Marketing）也叫电子邮件营销，是指企业向目标客户发送EDM邮件，建立同目标顾客的沟通渠道，向其直接传达相关信息，用来促进销售的一种营销手段。EDM营销需要专业的EDM软件，其用途包括发送电子广告、产品信息、销售信息、市场调查、市场推广活动信息等。

3．论坛的演变——从社区论坛到知乎

论坛也是最早的一种新媒体类型，是在线商业服务中的团体组织。它通常是一个公告板加一个聊天室的组合，让人们可以通过一个分类的列表查看需要的信息，并让信息的发布者和查看者进行实时的信息交流。

（1）最初的新媒体——社区论坛

早期的论坛主要有综合性论坛、专题类论坛和地方性论坛3种类型。

◆**综合性论坛：**这类论坛通常包含丰富和广泛的内容，几乎能够满足所有用户不同的信息交流需求。这类论坛通常依附于大型的门户网站，能够得到足够的人气、凝聚力以及强大的支持。著名的综合性论坛包括搜狐论坛、网易论坛、新浪论坛、天涯社区和百度贴吧等，如图1-2所示。

图1-2 百度贴吧

◆**专题类论坛：** 这类论坛通常针对某一项专业学科或知识进行信息交流，专题、论坛对学术、科研、教学等能起到重要的作用。常见的专题类论坛包括购物类论坛、军事类论坛、情感倾诉类论坛、计算机爱好者论坛、动漫论坛、手机论坛和游戏论坛等，如图1-3所示。

图1-3 手机之家论坛

◆**地方性论坛：** 这类论坛中的用户或多或少都来自相同的地区，或者对该地区有相同的情感，如京津冀生活网论坛和四川在线天府论坛等，这类论坛能够很好地拉近人与人之间的距离，也更容易受到网民的欢迎，如图1-4所示。

（2）问答型社区论坛的兴起——知乎

问答型社区论坛中的用户会围绕着某一感兴趣的话题进行相关的讨论，同时在论坛中还可以关注兴趣一致的人。和专题类论坛不同，这类论坛几乎涵盖了用户的所有疑问，其最大的特点就是非常适合用户在手机端阅读，比较著名的问答型社区论坛包括知乎、360问答等，如图1-5所示。

图 1-4　第四城社区

图 1-5　知乎

> **专家点拨**
>
> 从传统论坛到问答型社区论坛，两种新媒体的形态在发展中不断变化，不仅是新媒体所使用的技术在进步，新媒体的概念和定义也在进一步变化。

4. 博客的演变——从博客到微博

博客是一种通常由个人管理、不定期张贴新的文章的网站。博客上的文章以倒序方式由新到旧按张贴时间排列，博客的内容以文字、图片、网站的链接等多媒体形式表现，且能够让读者以互动的方式留下意见或进行评论。博客是新媒体中的第一代自媒体，是新媒体的重要代表之一，比较著名的博客有新浪博客、网易博客等。

（1）最早的自媒体——博客

博客分为个人博客和企业博客，个人博客主要包括亲朋好友间的家庭博客、协作式的小组博客和公共社区群组博客等；企业博客则是以公关和营销为传播核心的博客类型，包括企业产品博客、CEO博客等。

◆**企业产品博客：** 即专门为了某个品牌的产品进行公关宣传或者以为客户服务为目的所推

出的"博客"。在新媒体时代，大部分的企业都拥有自己的产品博客，这些企业产品博客不但用于介绍和推广企业的产品，也可以用于树立企业品牌或提供企业相关信息，甚至能够帮助企业处理一些售后问题或公关危机，如图1-6所示。

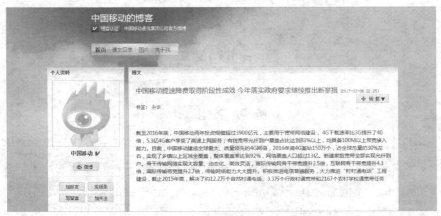

图 1-6　中国移动的企业博客

◆**CEO博客：**CEO（Chief Executive Officer，首席执行官）是在一个企业中负责日常事务的最高行政官员，又称作行政总裁、总经理或最高执行长。CEO博客的作用等同于名人博客，著名企业的CEO可以在博客中利用自己的知名度为企业或品牌进行推广和营销，以提升企业的知名度和品牌价值。

（2）人人都是自媒体——微博

微博就是微型博客的简称，也是目前最受欢迎、使用最多的博客形式。微博注重时效性和随意性，更能表达出博主的最新动态。由于微博是博客的微型化，所以微博的类型和博客相同，最常见的分类方式还是按照用户对象进行分类。著名的微博有新浪微博、腾讯微博、网易微博和搜狐微博等，如图1-7所示。

图 1-7　中国移动的官方微博

5．信息搜索的演变——从搜索引擎到问答

搜索引擎是一个对互联网信息资源进行搜索、整理和分类，并将其储存在网络数据库中供用户查询的系统，一般包括信息搜集、信息分类、用户查询3个部分。对普通网络用户而言，搜索引擎仅仅是一个查询工具，它提供一个包含搜索框的页面，在搜索框中输入词语，通过浏览器提交给搜索引擎后，搜索引擎就会返回跟用户输入的内容相关的信息列表。常见的搜索引擎包括百度搜索、360搜索、搜狗搜索等，如图1-8所示。

图1-8　百度搜索

在新媒体环境下，还有一种新的搜索引擎模式——问答。该模式通过让用户在专门的网站中提问，并由专业人士或者专家回答该问题，来实现搜索信息并得到数据的结果。这种问答新媒体与搜索引擎的最大不同之处在于搜索到的信息，也就是得到的回答，需要用户付出相应的费用才能获得。比较著名的问答新媒体有"在行"等。

6．即时通信的演变——从QQ到微信

即时通信是目前最为流行的通信方式。即时通信是一个终端服务，允许两人或多人使用网络，在各种接入网络的设备中即时地传递文字信息、文档、语音等，或通过视频进行交流。

（1）较早的即时通信软件——QQ

进行即时通信的软件很多，较著名、使用较多的是腾讯公司的QQ。腾讯QQ支持在线聊天、视频通话、点对点断点续传文件、共享文件、网络硬盘、自定义面板和QQ邮箱等多种功能，并可与多种通信终端相连，包括计算机、手机和移动设备等。

腾讯QQ除了基本的即时通信功能外，还可以建QQ群，功能类似于小型社群。也可以通过QQ空间书写日志、写说说、上传用户个人的图片、听音乐、写心情，通过多种方式展现自己，功能类似于博客和微博。除此之外，QQ还有许多衍生产品，如QQ游戏、QQ音乐、QQ吧之类。

（2）较流行的即时通信软件——微信

微信是一款社交工具软件，它不仅可通过网络快速发送文字、图片、语音、视频，还支持群聊、分享、扫一扫、查找附近的人等功能，而且它跨越了运营商、硬件和软件、社交网络等多种壁垒，使移动终端成了新的社交节点。微信将人际传播和大众传播融为一体，成就了一种全新的传播类型。所以，通常将微信定义为一款新型的，依托于移动互联网和个人移动终端技术，具有社交功能、信息分享功能和信息接收功能的新媒体平台。

微信作为新媒体，还有一种非常重要的传播方式——微信公众平台，政府、媒体、企业、名人等都可以建立独立的微信公众平台，通过注册微信公众号（订阅号或服务号）在上面进行宣传、营销推广以及其他业务活动，如图1-9所示。

图 1-9　交警部门的微信公众号平台

7．新闻媒体的演变——从手机报到移动新闻客户端

互联网和新媒体出现后，媒体市场竞争日益激烈，报纸、杂志两大平面媒体的广告经营额下滑严重。传统媒体面临严峻挑战，生存日渐充满危机，只有进军网络和新媒体领域，才有更广阔的生存空间，才有发展的机遇。

（1）最早的新闻新媒体——手机报

传统报业与网络的结合催生出了手机报这种新的媒体形式。简单来说，手机报就是依托手机媒介，由报纸、移动通信商和网络运营商联手搭建的信息传播平台，用户可以通过手机浏览当天发生的新闻。

政府、企业或学校可以建设自己的手机报，发送政务手机报、企业内刊、行业手机报、校园手机报等。具体来说，手机报将传统媒体的新闻内容通过无线技术平台发送到彩信手机上，从而在手机上开发出发送短信新闻、彩图、动漫和上网浏览等功能，是传统报业开发新媒体的一种特殊方式，如图1-10所示。

图 1-10　中国移动的新闻手机报

（2）日常生活信息获取渠道——移动新闻客户端

随着移动互联网技术的发展和智能手机的普及，手机报的订阅收费方式和人们阅读习惯的改变等限制了手机报的发展，这时就需要一种传统报业与移动互联网结合得更加紧密的媒体形式出现，于是新闻客户端就诞生了。由于新闻客户端主要针对移动用户市场，所以也被称为移动新闻客户端。

我们将移动新闻客户端定义为：依靠移动互联网资源，以文字、图片、影像、声音等多种语言符号传播的新闻信息为内容，以智能手机、平板电脑等移动终端作为接受设备的全媒体、数字媒介。目前常见的移动新闻客户端主要有以下4种类型。

◆ **综合门户：** 这是各大综合门户网站推出的移动新闻客户端，如新浪移动新闻客户端、腾讯移动新闻客户端、网易移动新闻客户端和搜狐移动新闻客户端等。综合门户移动新闻客户端和微门户在定位上有区别，简单来说，综合门户移动新闻客户端只是微门户的一个应用。

◆ **传统媒体：** 这是传统新闻媒体推出的移动新闻客户端，如央视移动新闻客户端和其他地方媒体的移动新闻客户端等。这类移动新闻客户端的优势一方面在于可以借助传统媒体本身的强大品牌号召力；另一方面在于它们拥有许多独家的原创内容。

◆ **垂直媒体：** 除了综合门户网站纷纷推出了移动新闻客户端外，科技、体育、娱乐等众多垂直领域的媒体也推出了自己的移动新闻客户端，如体育领域的懂球帝、科技领域的中关村在线、汽车领域的汽车之家等，如图1-11所示。不过从用户规模上来说，这些垂直媒体的移动新闻客户端还是要落后于综合门户网站的移动新闻客户端。

图 1-11　垂直媒体的移动新闻客户端

◆ **聚合媒体：** 这种类型是指通过各种网络技术，将分散的内容加以整合，并通过多样化、个性化的方式推送到用户的手机和平板电脑等移动终端上，使用户能通过一站式的访问，获取所需的各种信息的移动新闻客户端，如百度新闻、今日头条、网易云阅读、一点资讯等。

移动阅读已经成为广大群众获取信息的最主要手段之一，各大移动新闻客户端都在努力将自身打造为一个信息输出的媒体平台，而移动新闻客户端作为一种新媒体类型，将存在和贯穿于整个移动互联网时代。

8．视频媒体的演变——从数字电视到网络直播

电视是传统的主要媒体形式之一，而数字电视作为电视的最新形态，则被划分到新媒体的阵营之中。随着互联网和移动终端的发展，网络直播作为新兴的视频媒体方式，逐渐占据了新媒体的"半壁江山"。

（1）新媒体的常青树——数字电视

数字电视区别于传统的模拟电视，是采用数字信号传输信息的电视形式。新媒体中的数字电视是指基于网络技术的数字电视系统，包括IPTV、车载移动电视、楼宇电视、户外显示屏等。

◆**IPTV：** 即交互式网络电视，是一种利用宽带网，集互联网、多媒体、通信等技术于一体，向家庭用户提供包括数字电视在内的多种交互式服务的技术。用户可以通过网络机顶盒+普通电视机或者移动终端等方式享用电视服务。

◆**车载移动电视：** 这是一种移动数字电视类型，通常安装在公交车、地铁和出租车等公共交通工具上，采用数字电视技术，通过无线发射、地面接收的方式进行电视节目转播，并进行信息的传播，是目前比较常用的数字电视新媒体，如图1-12所示。

◆**楼宇电视：** 这是采用数字电视机为接收终端，以播出电视广告和其他节目为表现手段，把商业楼宇、卖场超市、校园等公共场所作为传播空间，播放各种信息的新兴电视传播形式，实现户外楼宇广告媒体发布。

◆**户外显示屏：** 户外显示屏系统由计算机专用设备、显示屏幕、视频输入端口、系统软件和网络组成的，通常表现为巨大的显示屏幕，主要用于播放电视广告。由于屏幕通常比较大，其信息传播效果优于其他户外广告宣传媒体，如图1-13所示。

图1-12 地铁的数字电视　　　　　　　图1-13 户外显示屏

作为一种新媒体形式，数字电视具有覆盖广泛、反应迅速、双向传播的特点，除了具有宣传和传播信息的功能外，还可以承担城市应急预警、交通、食品卫生、商品质量等政府安全信息发布的重任。数字电视都能够通过无线数字信号发射、地面数字接收的方式播放和接收电视节目，人们无须连接有线电视网络，通过机顶盒、接收天线和终端显示器即可收看到电视节目，可以随时随地收看，极大地满足了快节奏社会中人们对于信息的需求。

（2）视频媒体的最流行状态——网络直播

网络直播就是借助互联网的优势，利用相关直播软件将即时的现场发布到互联网上，通过互联网快速、清晰地将这些内容呈现在观众面前。网络直播作为新媒体的一种传播方式，具有时效性强、传播快捷、互动性强的独特优势，同时它也是一种新兴的网络社交方式。因此进行网络直播的平台也成了一种崭新的社交媒体。

广义的网络直播包括电视节目的网络直播和网络视频直播两种类型。

网络视频直播又分为网络现场直播和网络互动直播两种类型。网络现场直播类似电视直播。网络互动直播主要是利用互联网（或专网）和先进的多媒体通信技术，通过在网上构建一个集音频、视频、桌面共享、文档共享、互动环节为一体的多功能网络直播平台，使企业或个人可以直接在线进行语音、视频和数据的全面交流与互动。

目前，网络视频直播已经发展得较为成熟，尤其是网络互动直播，其互动性非常强，可随时随地进行直播，是目前新媒体中非常热门的传播形式。网络互动直播分为以下3种类型。

◆ **娱乐类直播：** 这是当前市场上用户数量最多的一个类别，由于演员、"网红"等知名人士的入驻，保证了直播平台的用户基数。这种类型的直播最大的特点就是能满足用户与偶像互动交流的意愿。

◆ **游戏类直播：** 这种类型是知名游戏主播在直播平台上通过对游戏的直播讲解吸引用户的方式。游戏直播其实是发展最早的直播类型，很多互联网巨头早早就进入了电子竞技游戏直播领域。这类直播的核心是拥有能够带来大量用户的游戏主播。

◆ **购物类直播：** 也称为消费类直播，类似于电视购物。这类直播以网红主播展示并讲解商品为"吸睛点"，使用户能更加直观地感受商品，以激发用户的消费欲望，从而达到将商品出售的目的，如图1-14所示。

图1-14　购物直播

随着视频门槛的多维度降低，网络直播自2016年迎来爆发，成为新时代的互联网社交平台和超级流量入口，已经开始从新媒体向独立的产业转变。网络直播的应用场景也将从社交往多元化的模式发展，在电商、教育、综艺、会议等领域都将迎来全新的应用。

9. 目前较流行的新媒体——短视频

视频最早是为了电视系统而生的，但现在已经发展出各种不同的格式，以便用户将其记录下来。移动互联网的普及让人们可以24小时实时在线观看各种各样的视频，当然这里是指以电视剧、电影或电视节目类型存在的视频。

短视频是一种视频长度以秒计数，主要依托于移动智能终端实现快速拍摄与美化编辑，可在社交媒体平台上实时分享和无缝对接的一种新型视频形式。短视频既可以代替图文作为信息的传播介质（如新闻时事），也可以单独作为一种娱乐内容（如短视频里面的个人秀或者生活的片段）。短视频既可以包含丰富的视听信息，又不占用太多的时间，是目前比较便捷的传播形式。它打破了视频传播的常规思维，逐步在新媒体行业占据了一席之地。

目前，短视频社区类应用程序越来越多，各大社交平台也通过内置短视频功能来吸引用户。从国外Instagram、Vine、Snapchat的风靡，到国内微视、秒拍、美拍、火山、快手、抖音的崛起，短视频逐渐在视频领域占据一席之地，如图1-15所示。

图 1-15 快手短视频主页

作为新媒体的新晋成员，短视频具有以下4个传播特点。

◆ **内容生成相对容易：** 短视频的制作门槛低，使用手机等非专业拍摄设备就能实现制作与编辑。短视频的时长一般较短，不需要大量的拍摄时间和后期编辑。可以使用现成的滤镜和特效装饰，让用户参与创作，成为视频中的主角，激发用户自身的传播积极性，促进用户分享身边的事。

当，甚至有些技术已经赶超发达国家的水平。可见技术上的日益成熟和完善是我国新媒体快速发展的基础条件。

2．新媒体的消费群体数量众多

随着我国社会经济的不断发展，人们生活水平也不断提高，随着互联网技术的飞速进步，我国的绝大部分人都会使用移动网络。

据统计数据显示，截至2017年6月，我国宽带互联网用户超过了7.5亿户，宽带普及率达到了54.3%；我国手机网民达7.24亿人，网民中使用手机上网的人数比例由2016年年底的95.1%提升至96.3%。现在人们越来越习惯于在网上浏览新闻、查找信息等，如图1-17所示。这说明新媒体已经被人们普遍地接受。

应用	2017.06		2016.12			应用	2017.06		2016.12		
	用户规模（万）	网民使用率	用户规模（万）	网民使用率	半年增长率		用户规模（万）	网民使用率	用户规模（万）	网民使用率	半年增长率
即时通信	69,163	92.1%	66,628	91.1%	3.8%	论坛/bbs	13,207	17.6%	12,079	16.5%	9.3%
搜索引擎	60,945	81.1%	60,238	82.4%	1.2%	互联网理财	12,614	16.8%	9,890	13.5%	27.5%
网络新闻	62,458	83.1%	61,390	84.0%	1.7%	网上炒股或炒基金	6,848	9.1%	6,276	8.6%	9.1%
网络视频	56,482	75.2%	54,455	74.5%	3.7%	微博	29,071	38.7%	27,143	37.1%	7.1%
网络音乐	52,413	69.8%	50,313	68.8%	4.2%	地图查询	46,998	62.6%	46,166	63.1%	1.8%
网上支付	51,104	67.5%	47,450	64.9%	7.7%	网上订外卖	29,534	39.3%	20,856	28.5%	41.6%
网络购物	51,443	68.5%	46,670	63.8%	10.2%	在线教育	14,426	19.2%	13,764	18.8%	4.8%
网络游戏	42,164	56.1%	41,704	57.0%	1.1%	网约出租车	27,792	37.0%	22,463	30.7%	23.7%
网上银行	38,262	50.9%	36,552	50.0%	4.7%	网约专车或快车[4]	21,733	28.9%	16,799	23.0%	29.4%
网络文学	35,255	46.9%	33,319	45.6%	5.8%	网络直播	34,259	45.6%			
旅行预订[3]	33,363	44.4%	29,922	40.9%	11.5%	共享单车	10,612	14.1%			
电子邮件	26,306	35.0%	24,815	33.9%	6.0%						

图 1-17　2017 年 6 月的网络应用使用率

3．新媒体的传播形式和内容越来越丰富

新媒体是一种新的传播方式，随着这一新的传播方式的出现，传播的内容和形式也都有了很大的变化。例如从博客到微博，从QQ到微信，都是伴随着新媒体出现的新的传播形式，这种形式使人与人之间的沟通和交流变得更加及时和有效。而随着移动互联网技术的发展，网络直播、社群媒体的兴起，新媒体的传播模式也在不断地发展和丰富。

作为国内最大的两大社交媒体平台，微博和微信的优势地位依然显著。截至2017年9月，微信日登录用户9.02亿人次，较2016年增长17%；公众号月活跃账号数350万，同比增长14%，月活跃人数7.97亿。而微博月活跃用户数为3.76亿人，其中移动端占比达92%。至2017年11月，微博全站头部用户（能创造价值的用户）规模达41.8万，较2016年增长23%。

2017年中国在线直播用户达到3.92亿户，较2016年增长26.5%。技术方面尝试融入各类新技术要素，VR直播已经不再是新鲜事，智能机器人也开始走入直播间。

短视频市场实现了集中爆发，市场空间持续扩大，竞争也更为激烈。截至2017年6月，中国网络视频用户达5.65亿人，移动视频用户达5.25亿人，短视频领域月活跃用户达到1.9亿人。

在垂直新媒体领域，主要表现在美食直播、游戏直播、美妆直播3个方面。2016年10月，美食直播和游戏直播增幅达到341.8%和342.6%。

4．新媒体商业及盈利模式不断创新

新媒体是信息科技与媒体产品的紧密结合，新媒体带来的媒体创意新经济，使得传统媒体从规模经济转向了范围经济、共享经济等模式。

具体来说，智能手机已全面渗透日常生活中的各个领域，公共服务类各细分领域用户规模均有所增长。截至2016年，在线教育、网约车的用户数分别达到1.44亿和2.17亿；外卖应用增长最为迅速，用户数达到2.74亿；移动支付也更加普及，用户达5.02亿人，在线下购物时使用过手机进行结算的用户比例达到了61.6%。

5．新媒体营销属性增强

新媒体从内容产品到渠道多样化的营销价值日益成为广告主、广告公司、公关公司等营销机构的关注焦点，新媒体已然成为企业整合营销中的重要组成部分。

总之，从目前的发展状况来看，新媒体已然发展成我国乃至全球发展活力与潜力十足的朝阳产业。随着各类新媒体的不断涌现，不仅人们的生活方式被潜移默化地改变，传播新秩序也在不断被重塑着。

1.2.2 新媒体与自媒体

新媒体与自媒体之间的关系是：自媒体包含于新媒体，新媒体不一定都是自媒体，因为新媒体中的运营者包括从个人、团队到企业等不同角色。

1．自媒体包含于新媒体

自媒体是指私人化、平民化、普泛化、自主化的传播者，以现代化、电子化的手段，向非特定的大多数或者特定的单个人传递规范性及非规范性信息的新媒体的总称。自媒体是在新媒体的技术条件下发展起来的，其本质就是依附于新媒体技术背景的一种"即时的信息共享和交互平台"。

2．新媒体不一定都是自媒体

新媒体为自媒体提供了一个不需要进行太多编辑、低成本和低技术含量的信息生成平台，而且这个平台不需要用户进行日常维护，就能以多种方式传播，达到良好的双向互动效果。也就是说，新媒体可以为自媒体提供内容载体，自媒体依靠新媒体存在和发展。除了自媒体之外，新媒体也可以是企业的官方媒体或社群媒体，也就是说，在狭义的概念中，自媒体一定是新媒体，而新媒体则不一定是自媒体。

表1-1所示为新媒体与自媒体的简单对比。

表 1-1　新媒体与自媒体的对比

对比项	新媒体	自媒体
发布方式	个人、组织	个人
传播对象	明确的观众和读者	非确定的观众和读者
主要功能	营利或者公益，有一定的生存压力，需要制订明确的营利计划	公益或者营利，没有生存压力，通常是非营利的
信息生成	需要专业人员采集、制作或编辑信息	自主收集并共享信息
传播目标	打造组织品牌或声誉	打造个人品牌或声誉

1.2.3 新媒体的发展趋势

在新的传媒时代，新媒体更加广泛地渗入人类社会生活，从互联网到移动互联网，从电商、人工智能到各类VR（Virtual Reality，即虚拟现实）、AR（Augmented Reality，即增强现实），这些都将极大地改变人们未来的生活。

1．智能化

从技术角度来说，一些专家认为现在正处于智能化媒体的起步阶段，社会化媒体应用、移动互联网技术、大数据技术及云计算为媒体的智能化提供了基本的技术铺垫。除了成熟的社会化媒体应用外，其他几大技术都在爆发中或在临界点上。

从移动互联网角度看，根据中国互联网信息中心的报告，今天中国的网络用户中，92.5%的用户用手机上网，移动时代正全面到来。在大数据领域，大数据战略已被列入国家"十三五"规划，2015年8月，国务院印发《促进大数据发展行动纲要》，系统部署大数据发展工作。从云计算的发展看，根据中国信息通信研究院发布的《云计算白皮书（2016年）》，2015年以IaaS、PaaS和SaaS为代表的典型云服务市场规模达到522.4亿美元，增长率达20.6%，预计2020年将达到1 435.3亿美元，年复合增长率达22%。而人工智能、物联网、VR/AR等则为媒体的智能化提供了更直接的动力。

2．大数据

新媒体在现代传媒产业中占据非常重要的位置，在其发展过程中积累了大量用户和用户行为数据，这就成为做用户分析的大数据的基础。大数据已成为新媒体的核心资源——不仅是新闻报道的重要内容，也是媒体统计和分析受众心理、需求以及行为习惯等的重要依据。收集、创建和分发数据，以及数据变现，探索得出一种为受众和用户提供个性化服务的新媒体运营方式，将成为新媒体在大数据时代竞争的趋势。

3．垂直细分

垂直细分就是在新媒体的各种类型中划分出更多的类型。关于新媒体的垂直类媒体，可以粗略地理解为在新媒体中为了适应行业、用户需求等变化而创造出的产品，它是相对于某一种类型的媒体平台而言的。平台流量大，但黏性相对小，主要在于导流；而垂直类媒体则更讲究精耕细作，针对特定人群的特定需求，黏性相对较大。

目前来看，垂直类媒体较为集中的领域主要有金融、科技、娱乐。就拿目前热度较高的直播媒体来说，第三方数据挖掘和整合营销机构的报告显示，2017年直播市场的规模达到3.92亿元。据新浪微博数据中心统计，目前，全国有约200个直播平台，用户数高达3.25亿，直播App日活跃用户达到2 400万人次，网络直播月度使用设备数1.54亿台。

2017年以来，即使部分直播平台陷入运营困境，仍然有很多直播媒体通过社区经营的模式积累流量、培养垂直网红，做一些有针对性的专业节目，并与大的经纪公司合作，打造自己的IP（Intellectural Property，知识产权）。这其实就是进行垂直细分，"直播+教育""直播+旅行""直播+游戏""直播+电商"等产品模式就是直播媒体的发展趋势。

4．社群化

新媒体的本质就是社群，不论是微信、微博，还是一些新媒体客户端，都开始着力细分市场、精准定位受众群体，并逐渐向社群媒体转化。数据显示，2016年中国网络社群数量超300万个，网络社群用户超2.7亿人，网络社群经济市场规模超3 000亿元。用户在社群媒体中更容易得到符合自己喜好的信息，并且定制个性化的服务，为了满足多元化的需求，用户还可以加入不同的社群。另外，通过互联网，社群将更加有效、快速地推动产品的传播，并迅速创建企业的品牌，而且还能在一定时间内保证产品用户的数量。由此可见，未来新媒体的一个发展趋势就是社群化，并逐渐形成社群媒体。

5．货币化

简单地说，货币化就是营利、赚钱，对于新媒体来说，越往后发展，越是应考虑如何营利。对于大多数传统媒体或者很大一部分新媒体来说，广告费用是最大的一笔收入。对于碎片化的新媒体来说，如何能让广告变得有趣呢？AR技术与广告结合或许是一种解决方案，之前已经有媒体尝试过，看起来人们也喜欢这种形式的广告。

另外，社群媒体带来的用户会员费用制度也是一种新媒体货币化的探索。至于媒体信息的付费使用，在很多类型新媒体的发展过程中，已经验证了货币化的重要性。在未来，新媒体的发展速度一定会受到货币化的影响，在用户和服务之间建立起稳定的货币化关系之后，才能更好地促进新媒体的发展壮大。

总之，在发展环境方面，新媒体相关政策将更加细化，监管方面将更为严格，新媒体将走上健康和可持续发展的道路。在自身内容方面，传统媒体与政务媒体将更加深入地融合到新媒体行业，此外，新媒体也可能通过知识付费、电商运作等方式实现内容变现。在技术手段方面，云计算、大数据、人工智能与新媒体的结合将更加紧密。总体来说，新媒体行业将垂直化细分领域，未来新媒体将会应用在更多的行业和领域，前景一片大好。

1.3 » 知识拓展——新媒体编辑常用术语

在新媒体的编辑工作中，还需要了解一些与新媒体相关的名词。下面就介绍一些新媒体编辑必须知道的常用术语，并用通俗易懂的表达方式进行阐释，帮助大家尽快适应新媒体的语言环境。

◆ **传统媒体**："传统"是一个相对的概念，相对于移动互联网时代新产生的新媒体，其他的媒体均可称为传统媒体，包括杂志、报纸、广播、电视等。

◆ **大数据**：传统数据处理应用软件不足以处理的大或复杂的数据集，例如记录全国手机用户一天浏览新闻与发送微信的次数集合就是大数据处理。

◆ **自媒体**：又称"个人媒体"，是私人化、平民化、自主化的传播者以互联网为手段，向非特定的大多数或者特定的单个人传递信息的新媒体的总称。

◆ **自媒体平台**：自媒体发布内容的一个平台，目前国内比较知名的自媒体平台包括博客、微博、微信公众号、今日头条"头条号"等。

👤 专家点拨

通常所说的传说媒体偏向官方，个人和企业不能随便在其上发布信息，相对门槛较高，营销成本较高；自媒体是个人的天下，可以免费申请。它们相对于传统媒体都是现代化的新型网络传播媒体，自媒体平台也属于新媒体领域。

◆ **运营**：围绕产品进行的人工干预。其中包括：内容运营，基于内容进行策划、创意、编辑、发布、优化和营销等一系列工作；活动运营，通过线上和线下活动提升业务指标，维护留存用户，刺激活跃用户；用户运营，以用户为中心，根据用户需求设计规则，组织并实施活动，以达到预期目标。

◆ **活动转化率**：开展活动来实现活动目标的用户数和参加活动的用户数之间的比率。

◆ **转载**：在自媒体平台上通过自营账号发表非原创作品，并说明（表明）非原创。

◆ **互推**：不同平台或账号之间发文互相推荐，常见有文末互推、图文合作互推、阅读原文互推和被关注自动发消息互推。

◆ **用户黏度**：用户使用某新媒体平台的频率，频率越高，则用户黏度越高。

◆ **用户画像**：根据用户社会属性、生活习惯和消费行为等信息抽象出的一个标签化的用户模型，对用户信息分析得来的高度精练的特征标识就是标签。

◆ **用户留存率**：用户在某段时间内开始使用某产品，一段时间后仍然继续使用，则被认作是留存用户，这部分用户占当时新增用户的比例即是用户留存率。

◆ **话题热度**：一个话题在一段时间内受关注的程度，与关注人数、阅读数和评论量等数据成正比。

◆ **痛点**：用户暂时没被满足又十分迫切的需求。

◆ **爆款文章**：阅读量超高的文章，如阅读量超过10万或超过100万的文章。

◆ **刷屏**：一篇稿子被广泛传播，在同一时间出现了大量的转发，占满了屏幕的现象。

◆ **UGC（User-generated Content）**：用户生产内容，常见于自媒体平台和社交网络，如一个用户在微信上发了一条朋友圈消息就可以认为是广义的UGC内容。

◆ **PGC（Professionally-generated Content）**：专业生产内容，其与UGC的差别在于，PGC通常是有相关专业学识、资质的个人或机构创作的专业内容。

◆ **PUGC（Professional User Generated Content）**：即"专业用户生产内容"或"专业生产内容"，是将 UGC + PGC 相结合的生产模式。

◆ **DAU（Daily Active Users）**：日活跃用户数。

◆ **MAU（Monthly Active Users）**：月活跃用户数。

◆ **推送**：推送是指用户没有主动打开App或者没有主动搜索特定资讯的情况下，媒体平台为帮助用户第一时间获得可能感兴趣的资讯，基于用户的使用特点主动向用户推送信息的行为。可以分为应用外推送和应用内弹窗两种类型。

◆ **精准分发：** 在特定的信息需要准确地向特定人群传播的情况下，利用大数据算法与人工智能技术精准地将某些信息分发给真正需要它的人。

◆ **用户属性：** 包括用户的性别、语言、省份、所用手机型号等。

◆ **打赏：** 一种非强制性的用户付费模式，公众号可以设定打赏金额。

◆ **A/B测试：** 把不一致的意见和想法每一个都拿出来快速验证，得到真实的用户反馈，反馈最好的就是最终选择。

◆ **涨粉：** 用户数量增长，与之对应的是"掉粉"。

第**2**章

新媒体编辑的基础知识

经过第1章的学习，大家已经对新媒体有了一些基本的了解，但是对于很多想进入这个行业成为一名新媒体编辑的人来说，什么是新媒体编辑，一名新媒体编辑应该具备哪些能力，新媒体编辑的工作有哪些……这些问题可能就不甚了解。本章主要针对这些问题进行讲解，通过汇集大量新媒体编辑的从业经验，系统性地进行总结，详细介绍新媒体编辑的基础知识。

2.1 » 认识新媒体编辑

大多数人，包括一些刚入行的新媒体编辑人员，对新媒体编辑这个工作都有许多误解，他们认为："做新媒体最基础的就是编辑，这个编辑和传统的文本编辑相差不大""编辑就是改标题，写内容，排版"……实际工作中，新媒体编辑岗位的真实情况并非如此。下面就让我们来认识新媒体编辑，了解新媒体编辑这项工作的相关内容。

2.1.1 什么是新媒体编辑

新媒体编辑包含了新媒体和编辑两个概念。这个工作的基础就是编辑，同时需要运用新媒体手段和思维去完成。新媒体编辑是新媒体行业中最常见的一种岗位，虽然不同企业对新媒体编辑的定义略有不同，但从根本上讲，都是围绕着"产品内容"进行的编辑。

新媒体编辑的工作内容与传统媒体编辑的主要区别是媒体介质发生了重大的变化，即从纸质变成了数字化，这就导致新媒体的宣传效果无法像过去的纸质媒体那样量化，而只能通过各种数据分析工具来获取关于用户是否喜欢相关内容的数据。但是，新媒体编辑却能更容易、更准确地掌握读者的心理需求，从而能更具针对性地进行内容编辑。

和传统编辑划分为初级、中级和高级类似，根据新媒体编辑具备的编辑能力的高低，可分为普通级、熟练级和专家级3种。

1. 普通级

普通级新媒体编辑的主要工作就是从各种媒体上搜索信息并编辑相关内容，冠以一个足够吸引人注意的标题，发布到一些比较容易获取流量的媒体渠道上，最后根据这篇文章的点击量、阅读量和转发量获取相应的报酬。

由于这类新媒体编辑的主要工作是为了获取流量和粉丝，因此普通级新媒体编辑主要应具备以下4种能力。

◆ **比较敏锐的热点查找能力：** 需要在众多文章中找到容易与目前社会和网络热点相关联的信息。

◆ **比较优秀的判断能力：** 需要在众多信息中找到读者喜欢，且容易产生流量的具体内容。

◆ **简单的文字处理能力：** 能够简单地编辑内容并对文章进行排版。

◆ **优秀的标题创作能力：** 能够通过各种方法，甚至"千方百计"地制作引人注目的标题来吸引读者的注意力。

图2-1所示即为某品牌小熊软糖的宣传文章的标题。一看到这个标题，读者往往就会产生强烈的兴趣，通常就会点击查看这篇文章，想知道这种彩色的软糖有什么特别之处。结果其实是这种绿色的软糖是草莓味的，而红色的软糖却是苹果味的……这就和平时红色代表草莓、绿色代表苹果不同。

图 2-1　某软糖宣传文章的标题

2．熟练级

熟练级新媒体编辑主要集中在一些有品牌、有定位的中小型企业，或者专业的新媒体推广公司中。他们的主要工作是根据品牌或产品的定位以及受众人群，去调查把握受众的需求，找到受众的痛点并据之进行全新创作，或者对一些优质的文章内容进行加工编辑，将其重新发布在特定的新媒体中来吸引受众。

熟练级的新媒体编辑是新媒体工作的核心力量，能熟练地掌握各种编辑的技能，并会对公司的营销和运营起到重要的作用，他们应具备以下4个方面的能力。

◆**抓住卖点，精准地挑选选题：**通过渠道、手段调查需求后瞄准需求，确定选题。

◆**从受众需求出发，具备原创文章能力：**针对受众的痛点，围绕痛点问题全新创作。

◆**整合优质文章内容：**挑选优秀的文章进行整合、再创作、深加工，整理成新文章。

◆**更好的排版和标题创作能力：**形成一定的排版风格，文章标题不是哗众取宠，而是能在一定程度上直击受众内心。

图2-2所示为某品牌护肤霜的宣传文章所涉及的宣传渠道。作为一个熟练级的新媒体编辑，为一款护肤霜进行宣传营销时可以按以下步骤进行。

图 2-2　某护肤霜的文章涉及的宣传渠道

◆**步骤1：**明确该产品的定位和功能——易吸收、恢复皮肤光泽、收缩毛孔、紧致皮肤。

◆**步骤2：**查找该产品的受众人群——25～40岁女性。

◆**步骤3：**在互联网相关平台中搜索这类用户的需求——让皮肤看起来更年轻。

◆**步骤4**：围绕这个点来创作或者整合一篇文章，并在文章中运用大量的精美皮肤的图片，将文章命名为"拥有吹弹可破的皮肤，用过这种护肤霜就知道了"。

◆**步骤5**：将其发布在品牌的公众号中，并同时在人气较旺的护肤论坛、美容论坛，甚至是25~40岁的女性经常去的论坛以及微博上发布，并在这些发布的文章下以及问答型社区论坛的护肤问题下进行相关问题解答，以吸引更多的流量。

3．专家级

专家级新媒体编辑通常出现在大中型的企业里。作为企业运营编辑的操盘手，专家级新媒体编辑的工作不再局限于创作和编辑，更多的时候是作为一个内容产品的核心负责人，对内容产品的运营宣传效果负责，例如文章的阅读量等。

专家级的新媒体编辑需要掌握更加广泛的知识和能力，除了应拥有与熟练级的编辑相当的创作能力外，还应具有以下一些能力。

◆**文案创作和修改能力**：不仅能自己创作，还能指导他人进行文案的创作。

◆**流量的掌控能力**：不仅能通过各种渠道发布文章，还能在一定程度上提升流量，并将流量的多少控制在一定的范围之内。

◆**一定的运营和营销能力**：能够运用新媒体进行产品的运营和营销，能够运用多种运营手段来辅助产品文案进行推广，高效地获取流量。

图2-3所示为专家级新媒体编辑在产品营销中所做的具体工作，主要包括策划方案、寻找选题和指导创作3项。

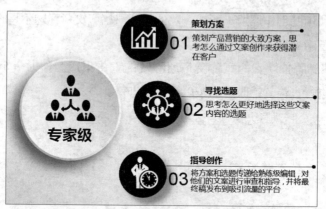

图 2-3　专家级新媒体编辑的主要工作

2.1.2　新媒体编辑的工作特点

随着新媒体技术的快速发展，新媒体编辑工作的特点也在不断地变化。新媒体行业的从业者应该了解和分析新媒体条件下编辑工作的特点，这样才能更好地融入这个行业。

在新媒体发展的现阶段，新媒体编辑工作具有共同的一些工作特点。

◆**个性化编辑**：新媒体的传播模式比传统媒体更加高效和先进，多渠道的传播方式使每个人都能成为信息的发布者，可以自由地表达自己的个性化观点，传播的信息、内容、形式均可以由自己决定和控制。

◆ **双向化编辑：** 新媒体的编辑工作具有双向性。在每个受众接收信息的同时，受众也能进行信息的传播，并将结果反馈给编辑。所以，编辑工作具有极强的互动性，是一种双向编辑的过程。

◆ **实时化编辑：** 对于新媒体编辑来说，任何时间或地点，只要有网络，就可以实时接收信息，筛选并抓住热点事件，进行数据分析和信息搜索。然后根据热点原创或整合资料制作内容，最后进行内容的传播。

◆ **内容化编辑：** 新媒体编辑必须具备一定的文字功底，其主要的工作是编辑"内容"，因此需要根据客户喜好和产品的定位，创作出符合逻辑的内容，或者通过整合素材、资源来编辑内容。

2.1.3 新媒体编辑的工作职责

传统媒体编辑的工作职责包括选题、组稿、校对、排版等，主要是对文稿进行编辑和加工。新媒体技术的发展给编辑这项比较传统的工作带来了新的活力和内容。在新媒体技术指导下，编辑不仅是文档的处理者，其工作职责还涉及策划、组织等方面。另外，身处这个资讯爆炸、信息自由传播的时代，从宏观角度来看，新媒体编辑还需要具备把握舆论导向的职责。

1．策划

新媒体相较于传统媒体，具有更加强烈的商品属性和经济功能。新媒体为了获得商业的利益、实现自身的价值，就需要创造鲜明的品牌形象、独特的产品特色和多样化的服务，这样才能吸引大众的注意，获得大量的关注和流量。所以，为了实现新媒体的商业价值，就需要发挥新媒体编辑工作的策划职责，完成新媒体传播过程中的决策和设计工作。

新媒体编辑的策划职责包括两个方面的工作。

◆ **文案策划：** 通常意义的文案是指编辑的文字内容，如果是一个故事，涉及剧情怎样发展、场景有什么含义以及时间安排等；如果是一个广告，则包括标题、正文、口号的撰写和对广告形象的选择搭配等。策划的工作涉及前期市场调查、分析、提炼等一系列庞杂繁复的工序，并影响后续平面、文案的创作方向等。也就是说，文案策划是新媒体编辑工作策划职能的主要表现方式，通常所说的新媒体编辑工作的策划职责就是指文案策划。

◆ **活动策划：** 活动策划偏重于活动，例如各种发布会、营销活动等，要有详细的操作流程及可实施性方针，需要具体执行。当然，活动策划同样需要具体的活动策划方案，这也需要进行内容的编辑。一份可执行、可操作、创意突出的活动策划案，对于有效提升企业的知名度及品牌美誉度具有重要意义。从创作活动策划案的工作上看，可以把活动策划归结到文案策划的范围，图2-4所示为活动策划方案的示例。

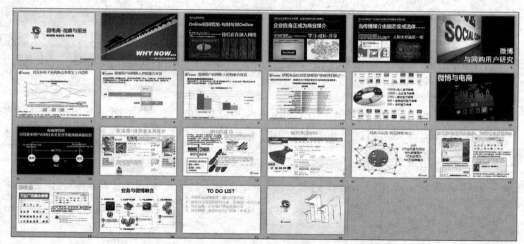

图 2-4　某电商的微博共享业务活动策划方案 PPT

2．组织

信息化社会中，新媒体的影响力已经越来越重，面对激烈的媒体市场竞争，新媒体编辑需要更好地对内容进行组织，不断地变革和调整，以更好地适应新媒体的多方面发展。

（1）组织互动

新媒体具有传统媒体无法比拟的互动能力，观众和媒体之间进行多方面的互动才能够让观众对内容更有兴趣，也更具有积极性。在新媒体环境下，新媒体编辑不仅要为受众参与信息传播提供更好的条件，还要通过各种方式引导和管理受众的参与行为，否则会极大地削弱其对受众的吸引力。这也决定了新媒体编辑要在信息传播中掌握更大的主动权。

（2）组织内容

新媒体编辑工作对于内容的组织通常只包含两个方面。

◆ **调整内容**：对媒体各种栏目内容进行更新、写作。

◆ **设定内容的输出方式**：新媒体内容的输出方式呈现多元化的趋势，例如新媒体的新闻报道除了采用通讯、评论、专题和深度报道等形式外，还可以采取论坛群聊、公众号讨论等多种方式。在新媒体中，为了满足受众对于内容的理解需求，就需要新媒体编辑选择并设定一种或多种内容的输出方式。

3．把握舆论导向

新媒体作为信息传播的重要工具，在反映公众舆论、引导其价值取向方面有独特的优势，所以，把握舆论导向也就成了新媒体编辑工作的重要职责之一。对于新媒体编辑来说，把握正确的舆论导向是编辑工作的使命，特别是对于新闻报道而言，要尊重新闻的客观事实。新闻现场所记录的是在特定时空和特定状态下所发生的新闻事件，这是由新闻事件的真实性原则所决定的，因此也要求新媒体编辑要遵从新闻事件的本质，积极贯彻正确的思想。

为了保持主流媒体的公信力和权威性、掌握网络舆论的话语权和主导权，新媒体编辑需要做到以下几点。

◆作为舆论的传播者和引导者，新媒体编辑应为公众提供令人信服的深度报道，保持媒体所应具备的公信力和权威性优势。

◆新媒体编辑应该强化自身舆论引导的主动权，通过加强对内容的监管，充分利用新媒体的技术优势，以坚持正确的舆论导向为前提，让媒体的声音和受众的声音在网络中自由通畅地表达。网络是目前媒体舆论的主要领域，其中存在大量错误的内容，新媒体编辑只有主动作为、发布权威信息、披露事件真相，才能把握正确的舆论导向。

◆新媒体编辑还要深入研究和把握网络舆论导向的特点与规律，提升自己的舆论引导能力，高度重视、密切关注网络舆论的新动态和新趋向，切实把握网络舆论演化发展的话语权和主导权。

2.1.4 新媒体编辑的工作规则

据不完全统计显示，目前我国新媒体的受众已经超过6亿。伴随着网络技术不断发展的新媒体在以爆炸式的速度飞快生长，这就使得发展过程中出现了许多问题，例如网络谣言的传播、网络暴力的生成、侵害知识产权、侵犯他人隐私以及各种网络金融诈骗等，这些都严重影响新媒体的未来。由此可以看出，编辑工作需要得到进一步的控制和规范，一方面要完善与新媒体相关的法律法规，逐步形成规范的网络秩序；另一方面新媒体编辑要增强自身的自律感，坚守职业道德，提高"公信力"。

1．与新媒体相关的法律法规

在国内新媒体发展的过程中，新媒体面临的法律环境是比较复杂的，仅仅针对互联网的相关法律法规就有数十个，其中包括宪法与法律，也有司法解释、行政法规、部门规章和通知、地方法规和行业规范等。而面对不断涌现的新媒体应用，已有的法律法规还将继续调整和修改，新的法律法规还会不断颁布。

在工作中，新媒体编辑不但需要了解这些法律法规，还要树立相应的法律意识，从而保障媒体的正常运营。与新媒体编辑工作密切相关的法律法规主要集中在信息内容安全、版权保护以及名誉权保护等几个方面。例如《互联网信息服务管理办法》的第十五条和第十六条，《互联网电子公告服务管理规定》的第九条，《互联网新闻信息服务管理规定》的第五条，《信息网络传播权保护条例》的第五条、第六条、第十四条和第十七条，《中华人民共和国侵权责任法》的第二条和第三十六条等。

国家互联网信息办公室在2017年公布了新修订的《互联网新闻信息服务管理规定》，将各类新媒体纳入管理范畴。规定提出，通过互联网站、应用程序、论坛、博客、微博客、公众账号、即时通信工具、网络直播等形式向社会公众提供互联网新闻信息服务，应当取得互联网新闻信息服务许可，禁止未经许可或超越许可范围开展互联网新闻信息服务活动。此外，规定还要求互联网新闻信息服务提供者转载新闻信息时，遵守著作权相关法律法规的规定，保护著作权人的合法权益，并强化举报监督制度。

2．新媒体的版权保护

（1）新媒体的版权问题

新媒体的迅速发展一方面为快速便捷地获取和传播作品提供了渠道，另一方面也对版权保护提出了新挑战。新媒体编辑首先应该了解在编辑工作中所要涉及的相关版权问题。

◆ **法定许可：** 这种情况是指在符合法律规定的条件下，编辑人员可以未经许可使用作品，但是要付酬。法定许可通常应用于与公益或义务教育相关的内容中，例如在《信息网络传播权保护条例》中就规定，为扶助贫困，可以通过新媒体向农村地区的公众免费提供中国公民、法人或者其他组织已经发表的一些相关作品。

◆ **合理使用：** 在符合法律规定的条件下，可以不经许可少量使用已经发表的作品，且不用付酬，但在使用时必须注明出处。例如，需要对一篇文章进行评论时，可以直接引用该文中的一部分内容，但必须注明出处。

◆ **内容形式的变化：** 新媒体的内容形式发生了根本变化，通过网络能够以非常低的成本进行传播，这时，如果需要对版权进行控制，不但难度大，而且会大大增加控制的成本。例如编辑原创了一篇创意文案并发布到公众号中，两个小时后，发现网络中已经在疯传，但是并没有标注出处，且无法确认最初的传播者。

◆ **无法判断内容的性质：** 在网络中有很多无法判断性质的内容。网络中有许多种类的信息服务平台，例如微信、论坛、视频网站等，受众都可以在其中发布各种信息和内容。作为新媒体编辑，在整合这些资料的时候，很难判断其是否需要付酬、到底是作者自愿上传还是别人未经许可上传的等。

◆ **侵权认定：** 是否存在版权问题，也是一个需要确认的事情。首先需要确认内容的原创者，这就是一个比较复杂的过程，很多时候内容在传播的同时被很多编辑人员和受众进行了整合和编辑，不容易找到最初的信息。另外，由于新媒体信息的传播速度太快，导致侵权行为随时发生变化，对于侵犯版权的行为不容易取得证据。

（2）新媒体版权保护

对版权的保护体现出对作者劳动的认可与尊重，是促进社会文化发展的重要手段。对于新媒体编辑来说，在整合网络资源的过程中，一定要提高自身的版权意识，维护真正的版权。

◆ **明确作品认定标准**

依据《中华人民共和国著作权法实施条例》规定，作品是指文学、艺术和科学领域内具有独创性并能以某种有形形式复制的智力成果。对于新媒体中发布的信息内容来说，只要是独创性智力成果，就是《著作权法》所规定的作品，受《著作权法》保护。

◆ **清晰界定侵权的主体和行为**

在新媒体环境下，受众和编辑都是信息的传播者和接收者，所以，两者既有可能成为侵权行为的主体，也有可能是被侵权的主体。

对于新媒体的受众来说，如果将他人作品以自己的名义发布，就变成了侵权行为的主体；

如果未经受众的允许，将他们发布的作品重新发布，编辑就是侵权行为的主体，而受众则成了被侵权的主体。

对于新媒体的编辑来说，侵权行为主要表现为3种情况：一是标明原作者但未获得授权的转载行为；二是未标注原作者且未获得授权的转载行为；三是未经授权，将他人的作品进行整合、汇编或摘录的行为。

◆ **规范转载行为**

在工作中，新媒体编辑经常会有转载其他作品的行为，如果不规范合理使用，很容易造成版权问题，产生侵权行为。作为新媒体的编辑人员，在进行作品转载时，就要合理使用规则，规范转载的行为。

第一，转载的作品不能用于商业行为，只能是为了欣赏、学习和研究等非营利性的目的。但是，如果转载的作品已经声明了不允许转载，或者转载后著作权人提出删除、屏蔽或断开链接等要求，编辑不执行的，都会构成侵权行为。

第二，获得授权使用作品的行为也需要符合法律规定，符合作品本身的用途和性质，且不得与该作品的正常使用相冲突。例如，某网站获得在该网站中使用某款图形Logo的独家授权，该网站即使以非商业目的向他人无偿提供该作品，仍属侵犯版权的行为。又如某读书网站获得一部长篇小说的转载权，网站的编辑却将该小说改编成电影剧本，这也属于侵犯版权的行为。

👤 **专家点拨**

新媒体在发展过程中一直存在大量的版权问题，只有那些有能力且愿意为保护著作权做出努力的新媒体企业才能逐渐发展壮大。无论是新媒体编辑还是新媒体的受众，都必须在接收新媒体中各种信息的同时，为版权买单，加强版权保护的管理，这样才能正确引导新媒体行业的健康发展，为整个行业的经济利益保驾护航。

3. 新媒体编辑的职业道德

新媒体的自身特点决定了对其进行管理的难度大大超过了传统媒体，受众对于媒体的信任不能只依靠自上而下的监管，还需要新媒体编辑在工作中的自律与其对于职业道德的坚守。例如秉持媒体从业者客观公正的态度，面对问题深入调查，客观负责地评论，促进积极信息的传播等。

（1）7条"底线"

7条"底线"是指在2013年举办的"网络名人社会责任论坛"上，由网络名人达成共识，提出网友应遵守的7条原则，即法律法规、社会主义制度、国家利益、公民合法权益、社会公共秩序、道德风尚和信息真实性。作为新媒体环境下的编辑人员，在加强自身的道德意识、树立高尚的职业道德信仰、自觉遵守职业道德规范的要求下，这7条"底线"表现为以下4种新媒体编辑的职业道德。

◆ **内容表达要尊重法律**：尽管新媒体的主要载体——互联网是一个虚拟空间，编辑工作也有一定的隐匿性，但不能在网络上任意捏造事实、编造谎言、传播谣言，甚至对他人进行恶意人身攻击。根据相关法律，网络言论任意侵害他人合法权益的，可能构成犯罪，会被依法追究刑事责任。

◆ **不能侵害他人的合法权益：** 每个人有权享受自己的合法权益，但也不能去侵害他人的合法权益。网络信息的飞速传播导致个人隐私很容易被曝光，例如网络中经常发生的针对个人信息的搜索行为，这会直接侵犯被搜索者的隐私和一系列合法权益。作为新媒体编辑，对于这种内容就不能进行传播或整合。

◆ **不能影响正常的社会公共秩序：** 由于传播速度快、信息覆盖面广等特点，通过新媒体传播的言论容易对社会的正常公共秩序造成影响。例如网络中经常出现的各种谣言，就是有些不良媒体对有关事实的捏造，而有的受众出于对媒体的信任，会相信这些谣言并被这些言语所误导，在现实生活中进行具体的行动，影响或扰乱人们的正常生活节奏。因此作为新媒体编辑，在整理内容的过程中，一定要注意此类信息，一方面对网络传播的言论要有理性判断，另一方面要做到不传播不真实的言论。

◆ **保证信息内容的真实性：** 新媒体行业应该是一个追求真实、负责任的行业。对于新媒体编辑来说，除了对原创的信息要负责任外，对于分享、传播、转发的内容都应该负责任，在工作中要尽可能地核实信息内容后再发布。

（2）新媒体编辑应遵守的职业道德规范

无论哪一个行业，都应该坚守各自行业的职业操守，具备各自行业内的专业性，新媒体行业更是如此。现在已经是全民自媒体时代，拿起手机，大家都可以对一些社会事件发表自己的看法。作为新媒体编辑，应该在工作中正确整合信息内容，将最真实的信息传递给受众。所以，新媒体编辑至少应该遵守以下两点道德规范：第一，在新媒体中传播信息时，编辑应该要规范自己的专业，立足于坚守人性道德；第二，新媒体编辑在进行专业性报道的同时，应坚守自己的职业道德操守，应该从国家法律法规要求出发，从专业性和职业操守出发，遵从客观实际，保证信息传播的真实性。

总之，无论是哪种新媒体形式，都应该把新媒体平台看成正式的发布平台，说事实，讲实话，做一名合格的、高素质的、专业的、坚守职业道德的编辑。

2.2 » 新媒体编辑的基本要求

在网络新媒体时代，编辑工作的要求更高，要成为一名合格的新媒体编辑，必须具备强大的综合能力。除了最基本的信息搜集和编辑，文章的撰写、整合和优化，内容发布等工作外，还需要根据新媒体发展的总体方向，策划、建设相关的栏目。另外，新媒体编辑还涉及媒体内容的日常更新、维护、审核、发布，粉丝互动，话题制造，活动执行，跟踪分析各种媒体的数据等工作。此外，还需要对新媒体工作有浓厚兴趣，善于捕捉社会热点，思维敏捷，有创新能力，并具备良好的心态和规范的职业素养。下面就具体介绍一下新媒体编辑应该具备的基本能力。

2.2.1　文案写作能力

文案写作是新媒体编辑最基本的一种能力，前面已经提到过，只有原创的内容才是新媒体发展和获取利益的最佳手段。新媒体编辑工作每天都要涉及内容文字的撰写和编辑，所以，基本的文字功底和写作能力是最低要求。对于新媒体编辑的文案写作能力，主要包括以下几个方面的内容。

1．创作能力

创作能力是对新媒体编辑最基础的要求，具体表现在内容的写作技巧上。

（1）逻辑能力

逻辑能力是指正确、合理思考的能力，它是一种对事物进行观察、比较、分析、综合、抽象、概括、判断、推理的能力。对于新媒体编辑来说，逻辑能力是采用科学的逻辑方法，通过创作内容或整合信息，在新媒体平台中发布或传播这种思维过程的能力。

对于逻辑能力的基本要求则是"金字塔原则"。金字塔原则是一项层次性、结构化的思考与沟通技术，通常应用于结构化的文字写作过程。假设编辑已经知道如何写出漂亮的句子和段落，判断其是否具备逻辑能力的关键是在落笔之前的思考过程中是否应用了金字塔原则。

（2）语言风格的自由切换

新媒体编辑在进行文案创作时，会涉及各种行业和产品，面对不同的对象和受众。由于不同目标群体所喜爱的语言风格不同，就要求编辑在进行文案创作时必须能驾驭各种风格的文字，图2-5所示的某品牌白酒的广告文案就是走的温情暖心的路线，语言风格简单直接，直指人心。

图2-5　语言风格简单直接的文案

（3）文案创作技巧

创作文案不单是语言风格的变化和逻辑能力的体现，还有很多的写作技巧。例如怎样才能打开受众的好奇心缺口，是开门见山还是制造悬念、是晓之以"礼"还是动之以"情"……学会了这些技巧，新媒体编辑才能更好地创作内容。图2-6所示的某品牌越野汽车的广告文案就是通过3只以征服高山见长的动物的视线方向和空间想象制造悬念，虽没有出现越野汽车，但傲立山巅的霸气却从画面中扑面而来。

图 2-6　制造悬念的文案

2．创新能力

作为一名新媒体编辑，创意和灵感是必不可少的，因为创意和灵感是所有顶尖文案的内在特征。好的创意能让内容深入人心，强烈吸引受众的注意。创新能力通常由天赋因素决定，但同样可以通过后天练习得到。如果要培养和提升编辑的创新能力，可以从以下几个方面进行。

（1）练习创造性思考

练习创造性思考的方法有很多种，但对于新媒体编辑来说，主要有以下两种。

◆ **开发受众：** 在开发受众方面的成功很大程度上会促进编辑的工作，因为在网络时代，文案内容的转发量和阅读量都关乎产品的销售量，如果编辑具备找到更多更好的受众的能力，在增加固定受众群体的同时，也会增强编辑对于内容信息的想象力。

◆ **揭示购买动机：** 文案在创作过程中，必须有创造性的提问，才能准确发现受众的需要和促使其购买的原因。这样文案创作时就会有办法让受众确信自己将得到什么，从而相信文案中涉及的产品或品牌，产生最后的消费行为。

（2）发现产品的新用处

发现产品的新用处对于提升文案的创造力来说很关键，应该运用脑力去发现使用产品的新方法，或是在没有销售的地方创造销售机会。对于新媒体编辑来说，好的创意也许就在产品里或者受众的心里，编辑在进行文案写作时需要了解产品，了解受众的喜好和需要，找出产品的新用处，这样才能创新，更好地创作出有新意的文案。

（3）清楚自己在说什么

创意始于对产品或服务的了解，编辑对自己所卖的产品了解得越清楚，就越有机会产生创造性的思维。对自己的产品与同类产品相比的优越性知道得越多，编辑就可以越好地将这些优越性展现在用户面前，消除用户的购买阻力。

3. 审美能力

审美能力对于编辑的文案创作能力是一种有益的补充，具有一定审美能力的编辑经手的内容，会更有节奏、韵律和美感。他们可以通过对文案内容、文字、色彩、图片等个性化设计给观看的人留下深刻而持久的印象，以强烈的视觉冲击力来增强文案的宣传作用。

对于新媒体编辑来说，审美能力主要涉及两个方面的内容：一是对于内容的创作能力，即创作的内容需要被大多数人所接受，不能太高端，也不能太低俗，这是一个衡量标准；另一个是排版，是指文案的整个风格、文字与图片的整体设计，排版后的文案一定要比原来的更有美感，符合标准的排版应该是整洁，风格统一，字体、字间距、行间距都处理得非常专业，让读者赏心悦目的，如图2-7所示。

图 2-7　符合标准的手机媒体排版文案

> **专家点拨**
>
> 编辑平常可以多看排版专业的公众号、精品图片、网站和时尚杂志，通过这种方法可以在一定程度上提高审美能力。

4. 学习能力

在这个网络技术飞速发展的时代，各种新观念、新事物、新知识、新技术的孕育、出现和发展，呈现出前所未有的高速率，导致大多数新媒体编辑的知识储备不足。因此编辑需要具备一定的学习能力，不断学习最新的知识和技术。图2-8所示为网上流行的新媒体编辑的技能与月薪的关系。

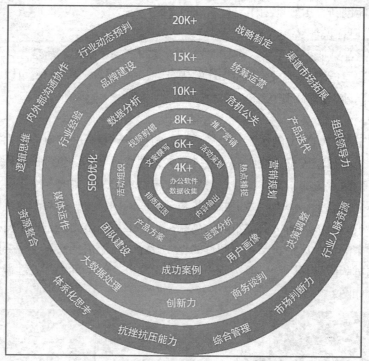

图 2-8　新媒体编辑的技能与月薪的关系

其实，新媒体编辑需要掌握的技能远远不止这些，如果没有足够强大的学习能力，那可能很快就无法适应这项工作。新媒体编辑在文案写作能力上的学习方法主要有以下3种。

◆**大量地阅读专业相关的书籍：**新媒体编辑需要不断地学习各种知识，特别是同行业中的各种成功的案例。虽然通过阅读学习知识需要较长的时间，但却是一种最基础和扎实的知识获取方法。

◆**请求高手指点：**在实际工作中有很多东西是书本上无法学到的，这时就需要向行业中的前辈或高手请教。这种学习方法的好处就是能快速获得一个真实有效的反馈，迅速找到一个关键点，并提高自己的专业能力。

◆**实践：**实践出真知，学习了理论知识，还需要将其应用到实际工作中，这就需要编辑人员大量地进行文案写作，从具体工作中体会和理解理论知识，提升自己的文案写作能力。

2.2.2　网络数据分析能力

网络数据分析能力是对新媒体编辑的一项最新的要求。和传统媒体工作不同，新媒体工作中涉及大量的数据运营，新媒体编辑需要搜集和分析网络后台数据，包括阅读、互动、分享、留言评论等，并预测趋向，然后根据预测来创作和整理内容。

1．了解网络数据分析能力的重要性

数据是对客观事物的逻辑归纳，是进行各种统计、计算、科学研究或技术设计等所依据的数值，这些数值反映的是客观事物属性。新媒体编辑每天都要面临着海量的、不断变化和多样的数据，例如消费者在网上的任何一次点击行为、购买行为等，如果把这些行为完整地记录和保存，产生一组数据（如关联购买的商品、消费者地址，甚至消费者在社交媒体发布的信息等），则可以通过对这些数据的分析，帮助商家准确预判消费者的消费行为、消费心理等极具价值的信息，并推送相应的产品或服务。

（1）网络数据的作用

在很多情况下企业都需要依赖对数据的分析得出相应的结论，再让编辑进行相关内容的创作与整理，以帮助企业进行产品的推广。

◆ **诊断作用：**通过数据分析，企业可以找出问题的来源和解决方案。例如通过商品名称的搜索量判断其是否利于搜索引擎搜索，通过网店的浏览时间长短判断是否利于浏览或者带给浏览者愉快的交互体验等。

◆ **预测作用：**通过数据分析，企业可以对产品或活动做出合理的判断，如可以通过网站某种商品的关键字搜索量来预测该商品销量的提升等。

（2）编辑岗位的数据分析

在新媒体编辑工作中，由于个人审美没有统一的标准，编辑在排版、颜色等方面的创意不一定能符合主要客户的品位。这时就需要通过对网页的浏览量和产品的销量等数据的分析，对这些创意的效果进行较为直观的评估，如图2-9所示。

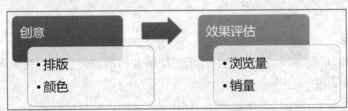

图2-9 创意的效果评估

2．培养数据分析能力

新媒体是建立在网络技术的基础上的，可以利用数据来监控和改进所有的内容，例如受众的来去、产品的转化率、企业投放广告的效率等。编辑基于网络数据分析的每一次改变，都能在某种程度上提升内容的商业效果和赚钱的能力，所以，编辑的数据分析能力显得尤为重要。

（1）Excel函数和数据透视表

数据分析就需要用到数据分析工具，例如Excel就是比较常用和操作简单的一种。新媒体编辑在搜索和分析数据时，经常需要将遇到的问题在搜索引擎上描述清楚，这就涉及Excel中的一些搜索函数的使用，例如vlookup函数等。而Excel中的数据透视表在数据分析中的使用更为频繁，数据透视表不仅能够快速汇总、分析、浏览和显示数据，对原始数据进行多维度展现，而且涵盖了Excel中许多工具的应用，包括图表、排序、筛选、计算、函数等，甚至还可以实现数据分析的人机交互功能。

（2）数据可视化

数据分析是一项比较专业和复杂的工作，对于新媒体编辑来说，主要是监控和观察数据，这就需要化繁为简，能够用表格表达的就不用文字，能够用图像表达的就不用表格。将数据变成图像就是最简单的数据分析方式。

（3）数据库分析

网络中最重要、最基础的就是数据。通常网络中比较热门的产品或内容，其相关的数据量都十分庞大，这就需要编辑了解数据库的相关知识，通过数据库对这些数据进行分析。为了提升网络数据处理与分析能力，在越来越多的新媒体编辑和运营工作中，都需要使用到SQL（Structured Query Language，结构化查询语言），这是进行数据库分析的核心技能之一，编辑只要能够正常操作即可。

（4）统计知识

统计知识是数据分析的基础，统计为分析提供数据基础。新媒体编辑工作涉及的是一种描述性的统计，就是运用制表、分类、图形以及计算概括性数据来描述数据特征的各项活动。描述性统计分析要对调查总体所有变量的有关数据进行统计性描述，主要包括数据的频数分析、集中趋势分析、离散程度分析、分布以及一些基本的图形统计。

统计知识会帮助编辑从另一个角度看待数据，新媒体编辑需要掌握包括均值、中位数、标准差、方差、概率、假设检验、显著性、总体和抽样等统计概念，这样才能做到不会被数据欺骗，从而正确地进行数据分析。

（5）业务知识

这里的业务知识是指在新媒体行业中几个宽泛的业务数据分析的相关知识，包括产品数据分析、用户数据分析和沟通。

◆ **产品数据分析：** 对需要推广的产品或内容所涉及的相关数据的分析。

◆ **用户数据分析：** 对网站中所涉及的用户信息的数据分析，例如朋友圈的传播活动，都可以利用网站的数据指标去进行分析。

◆ **沟通：** 这里是指业务层面的沟通，尤其是跨部门的沟通，良好的业务沟通能力是数据分析的基础。

2.2.3 策划营销能力

营销是每个企业的生命线，没有好的营销能力，就没有企业的发展。新媒体的每一次内容发布都是一场活动策划，活动涉及的内容、组织、预算、执行等，都需要进行精心策划。所以，策划营销能力也是新媒体编辑必须要具备的一项基本技能。

1. 营销意识

营销意识就是营销理念、营销原则转化为内在的习惯和行为规范。新媒体编辑应该培养出良好的营销意识，使之成为一种职业习惯。面对商业化的新媒体，一切产品和内容的输出都是为了获得商业利益，没有一定的营销意识、输出无法获得足够的关注和流量，就产生不了足够的经济效益。营销意识并不是人类先天所具备的，而是通过后天教化学得。具备营销意识的编辑在进行策划行为时，会自然地将营销意识融入输出内容之中，这是一种自觉和自愿的行为，并且很容易使营销原则落到实处。

2．基本营销理论知识

新媒体编辑要成为一名营销策划者，还应该具备以下几个方面的知识素养。

◆**营销理论知识**：包括网络营销的概念和特点、网络整合营销、网络关系营销和全球营销等基础理论知识。

◆**策划营销实务**：包括市场调研、营销策划程序、营销整体策划、营销战略策划、产品策划、定价策划、渠道策划、广告策划、公关策划、CI导入策划、营销项目实施、营销实施方案评估与诊断、营销策划书的写作等内容。

◆**新媒体和相关组织的知识**：包括新媒体的相关基础知识、相关企业的产品信息、相关企业的企业文化和组织结构等相关信息。

3．基本营销策划能力

新媒体编辑应该具备的基本营销策划能力包括以下5个方面的内容。

（1）分析、判断与决策能力

作为一名新媒体编辑，首先应该使自己及编辑部门成为本企业或本单位的信息中心，能迅速察觉和了解网络和社会中所发生的各种情况，快捷灵敏地接收各种相关信息，并善于捕捉各种有用的信息，将大量的信息进行必要的预先处理分析，去伪存真、去粗取精，从而及时准确地做出有效的策划，进行及时和准确的内容输出。

（2）创新能力

新媒体编辑需要有创新能力，因为编辑的营销策划工作也是一种特殊的思维创新活动，输出的内容只有建立在丰富的想象和创新基础上，才能引起受众的广泛关注和支持，从而实现商业利益的目标。编辑在营销策划中的创新能力是指能够对接收到的热门信息迅速做出不同寻常的反应，迅速是指编辑的灵活性和反应速度，不同寻常则是指"出奇"和"求新"的独创性。

（3）表达能力

新媒体编辑对表达能力的要求不仅有书面表达能力，还包括口头表达能力。因为新媒体编辑不仅需要与企业或单位进行沟通，还需要和受众进行沟通，将内容输出的思想、观点、意见和建议，运用最生动、最有效的表达方式传递给企业或单位，并对受众的反馈产生最理想的影响效果。

（4）组织能力

组织能力是指策划、指挥、安排、调度的能力，这一项能力对于专家级编辑尤其适用。

（5）社交能力

相对于传统媒体，新媒体编辑为了获得更多的信息和反馈，更需要进行人际交往，所以需要社交能力。在社交过程中需要注意以下两点。

◆ 对待受众和客户的态度要端正、认真，使对方产生信任感和安全感。

◆ 在交流的过程中要注意倾听他人的谈话，要控制自己的情绪，熟悉并灵活运用各种场合的社交礼仪和方法，平心静气地面对遇到的各种局面和各种问题。

2.2.4　用户运营能力

对于新媒体编辑来说，用户运营是指通过内容的输出，在网络中吸引巨大的流量，从而产生大量的注册用户，然后再通过各种活动和持续不断的内容输出，将这些注册用户留存住，并让他们随时在网络中活跃起来，以实现商业价值。

新媒体编辑要清楚运营对象是什么人，了解用户群体并把握用户的需求，然后有针对性地强化与用户的沟通交流。虽然新媒体编辑不是专业的运营人员，但也需要具备以下5种用户运营能力。

1．平易近人

对于新媒体编辑来说，和用户沟通、收集各种反馈信息几乎是每天都要做的工作。但这项工作不能等同于客户服务，不能标准化和流程化，而是应该和用户打成一片，实实在在地为用户解决问题，从而获得用户的信任。只有这样，才能在第一时间获得用户的信息反馈，这种反馈往往比从用户反馈表得到的反馈更加真实和实用。

2．心理把控

新媒体编辑在进行用户运营工作时，可以学习一些心理学的相关知识，利用这些知识来增加自己的可信度和安全性，降低用户的防范心理，然后在获取更多的用户信息资料的同时，和用户建立起相互信任的关系。在获得某个用户的信任之后，就等于拿到了一个用户样本，接下来可以根据该用户反馈的信息或是该用户的各种特点，进行针对性的产品和内容输出，以产生一定的经济效益。

3．心理调节

心理调节是针对新媒体编辑自身的，是指新媒体编辑面对烦琐、枯燥乏味的工作而进行的心理调节和修复。用户运营过程中，编辑所面对的是数量庞大的用户群体，所以可能会涉及各种各样的问题。每个人的精力是有限的，很难做到面面俱到，一不小心就可能会被用户投诉，甚至严重影响编辑工作。这时，编辑就要学会修复自己的心情，把培养良好的心态作为用户运营的一项基本工作。

4．换位思考

如果新媒体编辑具有较高的情商，在进行用户运营时，往往就会有较大的优势。高情商的一种表现就是换位思考，表现在用户运营工作中就是编辑能够体会用户的情绪和想法，理解他们的立场和感受，并站在用户的角度思考和处理问题，能够尊重用户，把用户当作工作中的合作伙伴，而不是获取利益的工具，这样就能更好地获得用户的信任。尊重用户，就等于尊重自己。

5．执行能力

用户运营需要的是真正和用户沟通并获取信息的能力。如果没有具体的操作，只是从网络中获取相关信息，或者自己编撰出反馈，最终则无法得到满意的输出。这就需要编辑具有极强的执行能力。但是，运营工作具有结果无法量化的特殊性，影响工作结果的细节和因素太多，很容易就会导致在收到用户反馈信息后无法形成判断和认知。这时，就需要编辑尽量多地去沟通，认真地执行，完成分内的工作。

2.2.5 良好的心态

新媒体行业的竞争非常激烈，导致编辑的工作压力很大，因此新媒体编辑需要在工作中调节好自己的心理状态，保证内容输出的质量。新媒体编辑的心态不仅影响输出内容的质量好坏，甚至可能对受众的心理和传播效果产生一定的影响。俗话说，态度决定一切，良好的心态甚至能大大超越智慧的力量。

1．新媒体编辑应具备的心态

新媒体编辑应具备的心态主要是针对专业技术方面的，包括以下3种。

（1）喜新不厌旧

对于编辑来说，抓住最新的新闻和最热的事件进行内容整合，最容易得到关注并产生流量。发布的内容最好和新闻事件同步，这也是新媒体的一大特点。喜新就是要求编辑随时关注新闻和热点的动态变化，快速判断其价值，从中获取最新、最有价值的信息并不断更新。不厌旧则是要随时保持与新媒体平台中已注册用户的联系，维持这部分用户在平台中的活跃度，保证内容输出后可以获得固定的流量。

（2）心存质疑

网络和新媒体的出现导致人们发布和获取信息的门槛降低，通过手机或网络可以迅速传播各种信息，所以，需要新媒体编辑保持一定的警惕性，以怀疑真实性的态度去甄别接收的各种信息。新媒体编辑要核实受众提供的信息线索，确认信息涉及的时间和地点，质疑发布的各种数据，尽量规避带有商业宣传色彩的内容，避免虚假信息的以讹传讹。因为不实的信息不但会误导受众，而且可能会影响新媒体和企业的形象和声誉。

（3）用户至上

新媒体编辑输出的内容应该是通俗易懂的，应充分考虑用户的需求，针对平台所面向的受众群体的特点进行内容输出，编辑深入浅出的内容，实时把握用户所需的"卖点"。所以，编辑在专注于内容输出的同时，需要更加专注于建立社区的客户群，保持一种用户至上的心态，才是新媒体的"取胜之道"。

2．新媒体编辑需要避免的心理误区

新媒体发展是大浪淘沙，虽然机遇和岗位较多，但在未来发展中的淘汰率也会很高。所以，新媒体编辑在工作中除了保持良好心态外，还需要避免以下一些心理误区，以保证编辑工作的顺利开展。

◆**松懈懒惰：**把编辑工作看成一个临时的谋生手段，当一天和尚撞一天钟，得过且过，总是将自己定位在一个普通和被动工作的位置，不愿去创新或接受考验。

◆**寄生依赖：**编辑是一种团队性很强的工作，在团队中，为了不承受压力和风险，把工作的主动权出让，总是接受一些辅助性的工作，不求有功，但求无过。

◆**急功近利：**在进行编辑工作时，过于注重经济利益，所有的工作都是为利益服务，总想找到省时省力的权宜之计，为了利益可以不顾媒体和企业的声誉，不顾编辑工作基本的职业道德。

◆**心浮气躁：**工作中不愿意承担日常性工作，觉得自己大材小用，把个人利益的得失放在工作的首位，把当前工作看成将来转岗升职甚至跳槽的铺垫。

3．新媒体编辑应当调整好自己的心态

心态是影响新媒体编辑工作质量的重要因素，如何调节好自己的心态、增强工作的自信心和责任心、避免陷入心理误区、真正做好这份工作、使自己以最佳的心理状态和精神风貌投入到工作中、保证内容输出的质量……这些是每一个新媒体编辑都要面临的问题。

（1）保持自信

新媒体编辑在工作中会面临比传统媒体工作更多的问题，涉及更多的领域，更需要同各种各样的受众打交道。这就需要其保持自信，强化自我意识和批判意识，经常主动和同事、用户以及同行业的朋友进行交流，探讨工作得失，通过对比找出自己的优点和不足，不断提高和完善自己编辑的技能和水平。

（2）积极向上

新媒体编辑不但要耐心地与用户坦诚沟通，而且还要以积极的心态从各种问题中挖掘希望、乐观以及积极的体验，这样在内容输出时才可以最大限度地疏导文案中表现出来的价值观，为社会提供正能量。

（3）合理的自我心理调整

编辑工作通常容易让人的身体和心理处于疲惫状态，这就需要进行合理的自我调整。可以通过倾诉、大声朗读、听音乐、进行体育运动等活动来疏解内心的苦闷，缓解精神压力。在外界条件十分不利的情况下，可以通过自我暗示的方法，鼓励自己，坚定信念，使自己始终保持乐观积极的心态，迎接编辑工作中的各种挑战。

2.2.6　规范的职业素养

新媒体与传统媒体有着一定的传承关系，所以新媒体编辑职业素养的要求在很多方面与传统编辑是一样的。当然，新媒体是在传统媒体之后发展起来的新的媒体形态，也有其独特的职业素养要求。

1．共性的职业素养

共性的职业素养主要体现在政治、法律和文化3个方面。

（1）政治素养

政治素养需要新媒体编辑具有一定的政治敏锐性，这是对所有的媒体编辑的共同素养要求。政治素养对于新媒体编辑的具体要求就是坚守主流意识形态，深刻领悟国家的方针、政策和精神，用正确的、科学的世界观来指导编辑工作。

（2）法律素养

法律素养是指新媒体编辑需要熟悉新媒体行业涉及的相关法律法规，以及著作权、肖像权、隐私权、名誉权、新闻控制与新闻自由以及传播从业人员自律等内容的基本法律法规，树立依法编辑的意识，维护自身和他人的合法权益。

（3）文化素养

文化素养主要针对的是编辑工作本身。新媒体编辑工作仍然以文字编辑为基础，扎实的语言文字（包括外语）功底是所有编辑应该具备的基本功。如果没有较好的语言文字功底、较高的写作水平和逻辑思维能力，是很难胜任编辑这项工作的。

2．特性的职业素养

新媒体编辑特性的职业素养则体现在IT技术和信息处理与整合等方面。

（1）IT技术素养

由于新媒体编辑在工作中需要应用大量的计算机和网络技能，所以需要具备相关的知识和能力。网络技术是新媒体的技术基础，熟练地驾驭网络交互方面的技能是对新媒体编辑的基本要求。

（2）信息处理与整合素养

新媒体编辑工作中非常重要的环节就是对信息进行处理和整合，包括对海量信息的甄别、整合、策划、影响、互动，以及敏锐地观察市场等。具体到工作中，需要编辑运用独特的选取和编排资料的方法，赋予这些材料以独特的组织结构和表现形式，并将其发布到网络中，使其成为受众关注的焦点，从而产生巨大的流量。

2.3 » 新媒体编辑的工作内容

新媒体编辑的工作主要分为两个部分，一是内容的生成，二是内容的运营。内容的生成包括选题策划、素材搜集、内容编辑、内容校对、推送发布等工作；内容的运营则包括监测数据、处理留言、用户调研和反馈互动、转发热点事件、追踪历史内容、推广重点群和社区等工作。从工作效果上看，内容生成对内容负责，内容运营对产品负责，内容生成的工作手段通过人工的方式满足用户对内容的需求，内容运营通过各种方式满足用户对内容的需求。

2.3.1 内容的策划与生成

对于新媒体编辑来说，最基础的工作是对内容的创作、筛选、整理和发布。具体流程可分为选题策划、搜集素材、创作内容、预览优化、审查并发布5个环节。

1．选题策划

在新媒体编辑工作开展的初期不是先做内容，而是先根据用户和服务的定位进行内容和品牌的定位，然后结合定位进行选题的策划。选题策划可以说是内容生成工作中最重要的环节，因为选题的好坏会影响最终生成内容的质量，坏的选题无法生成优质的内容。

（1）根据热点策划选题

通俗地说，热点就是一段时间内大多数人都在关注和讨论的新闻事件。媒体行业公认的最好的选题方向就是蹭热点。有很多热点的热度会持续几天、一周，甚至半个月及以上，这时候抓住机会，根据热点输出内容，就很容易为平台带来巨大的流量。

（2）脱离热点策划选题

如果没有热点，策划的选题应该符合受众分享的原理。在社交媒体中传播和接收信息的本质是从事社交活动，如果编辑输出的内容能够帮受众完成某些社交任务，大家就会自动分享这个内容。另外，选题一定要面向大众，覆盖足够广的人群，适合阅读的人越多，产生分享并完成流量的可能性也就越大。

（3）容易被受众接受的选题

对于普通受众来说，具备以下几个特点的选题更容易被接受。

◆有实际的生活场景，代入感很强。

◆打破受众的固有思维，引发好奇心。

◆找准受众需求，使受众更加关心自己。

◆标题中带有数字，不仅能增强逻辑感，还给人简单高效的感觉。

2．搜集素材

确定选题后，就可以搜集相关的素材了。素材的种类繁多，例如图片、文章、课件、视频、小说等。很多编辑在进行文案写作时总写不出东西，甚至不知道写什么，不是不会写，而是缺乏写作的素材。素材积累越丰富，越容易写出好的文章。

网络的全面性使得获取素材的途径增多，在门户网站上寻找创作素材，或者在手机上通过微博、微信和各种App寻找素材皆可。看到好的内容和有创意的对象，就可以随手收藏，并将这些资料整理进自己的资料库，就能成为内容创作时的绝佳素材。

3．创作内容

在做好了以上的工作后，接下来就需要整合资料并撰写具体文案，包括定义语言风格、进行内容设计、加入流量关键词和行动呼吁等几个项目。

（1）定义语言风格

通常情况下，编辑撰写的文案都会使用自己独特的语言风格，目的是和引用的内容以及其他同类型的文案有所区别，同时也能加深受众的体验程度，建立自己的品牌印象、组织文化和个性。简单来说，文案应该彰显产品、服务或事件想要强调的部分，并且添加一点幽默感，让语言风格传递出友善、平易近人的感觉，传达重视每一位受众的需求的宗旨，让受众相信产品会竭力为其解决目前遭遇的难题。

（2）进行内容设计

在定义好语言风格之后，就可以开始撰写整个文案了，以下几点注意事项可以帮助编辑快速抓到文案内容设计的重点。

◆ 罗列项目、强调重点。

◆ 用标题抓住读者的目光。

◆ 字体够大、排版干净整齐。

◆ 通过视觉内容增加读者对内容中的描述对象的渴求。

◆ 减少读者消费的愧疚感。

◆ 增加潜在客户的想象力。

◆ 引导读者的情绪。

◆ 在主画面只呈现必要的内容。

受众在新媒体平台中浏览一个页面时，实际看到的内容是很少的，所以编辑撰写的文案内容必须能够在很短的时间内让读者看出来其与竞争对手的差异。

（3）加入流量关键词

编辑在撰写的文案中应该包含一些网络中容易搜索到的关键词，方便受众通过网络进行搜索。在写好文案内容之后，可以通过网络调查一下关键词流量，尽量将热门的关键词加入文案的内容里面。如果是涉及产品或服务的宣传文案，可以将关键词加入到标题中，效果会更好。在添加流量关键词时需要注意以下3点。

◆ 避免专业性太强的关键词，要能让普通受众接受。

◆ 将关键词加入文案的标题、次标题和内文中（但不要过度使用）。

◆ 优化文案的主要图片，在图片中输入关键词。

（4）行动呼吁

这是很多编辑在撰写文案时最容易忽略的步骤。如果在阅读完内容后，受众没有行动，就会严重影响文案的宣传效果。同时，让受众采取的行动要越简单越好、越具体越好、越明确越好。文案必须为受众创造一个立刻行动的理由。人们习惯拖延，习惯犹豫，因此文案中必须以明确、积极主动的文字，呼吁大家采取行动——或者转发共享内容，或者通过文案购买产品，或者预订文案介绍的服务，或者关注文案涉及的企业等——总之，就是要推动受众完成事先设定的下一步行动。例如现在大多数微信文案都会在开头或者结尾处放上二维码。

（5）常见问答

虽然大多数文案都写得比较详细，但也会漏掉一些受众特别关心的问题，特别是涉及产品和服务的文案，作为编辑就需要提前在文案中对问题进行解答。问答的内容通常涉及受众经常提到的疑问，如送货、质量、退货、安全和使用等，编辑在撰写文案时考虑得越周详，受众越放心和满意。图2-10所示为电商文案中常见的问答内容。

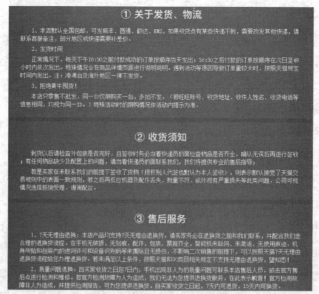

图 2-10　文案中的问答内容

4．预览优化

撰写完文案内容后并不是马上进行发布，通常还需要对文案进行预览和优化。注意这里的优化并不是指文案的内容，而是标题、描述和封面图，这3个项目也被称为新媒体内容编辑的核心优化三要素，如图2-11所示。这3个项目通常都会直接出现在媒体的内容列表之中，受众通过这3个项目就能跳转到具体的文案，所以，内容标题（权重最高）、封面图（权重次之）和描述三者结合在一起，必须要表达出文案的核心内容，这是对编辑的专业要求之一。当然，现在很多手机媒体编辑的文案将标题和描述进行结合，变成了描述性标题和封面图片两个优化要素。但不管怎么改变，优化是新媒体编辑工作中必不可少的环节。

图 2-11　新媒体编辑的核心优化三要素

◆**内容标题：**一个好的标题能够帮助文案提升约50%的流量。撰写标题有很多方法和技巧，相关内容将在后面的章节中详细讲解。

◆**描述：**通常在新媒体中对于描述有字数的限制，所以要根据文案的主要内容，表达其核心思想。描述通常有4种类型：一是精练的内容简介；二是文案的第一句话；三是文中最经典的一段内容；四是引用的名人名句。

◆**封面图片：**封面图片要根据内容定位进行选择，最好是同一系列的所有文案的封面保持一个色系。

5．审查发布

对文案进行审查是指针对特定时间段所策划并具有特定目的的一组（一次或多次）审核。审查通常是由一个部门或一个工作小组进行，针对内容的定位和要求对文案进行修改，修改完成后，由编辑和部门负责人再次对文案进行审查，并按照其要求进行一次或多次修改，直到满意并确定最终内容。

审查合格的文案就可以在新媒体中进行发布，如果是发布在编辑所属的新媒体平台中，则需要注意一下发布的时间；如果编辑并没有自己的新媒体平台，则需要选择一个发布平台，并注意发布的速度和稳定性等。

（1）内容发布的时间

新媒体中的内容通常具有一定的时效性，根据热点事件编辑的内容和普通的宣传推广性内容发布的时间是完全不同的。

◆**热点事件曝光型内容：**这类内容通常最佳发布时间为某个节假日或者特殊节日的晚11时到次日早上7时。因为这个时间段发布内容，容易博得第二天的头版头条，这也就是为什么很多娱乐圈事件都是在凌晨爆出的。经过一夜的发酵之后，营销的效果会更加显著。

◆**常规型内容：**宣传推广型的内容相对来说发布时间要求就不那么严格了，一般发布时间为周一至周五的早上9时至晚上11时。因为这个时间段受众对新媒体的使用较为频繁，而且在这段时间里，新媒体的工作人员都会在线工作，在发布内容后更利于共享和传播。

（2）选好发布的平台

内容一旦被某个主流的新闻网站发布了，其他网站也就会互相转载发布，这种传播效果可想而知。所以，编辑内容文案根本不需要在所有的新媒体平台发布，只需要选择一些人气和流量都很大的平台，同时需注意以下两点。

◆根据内容的定位选择发布平台，尽可能选择与内容相关行业的新媒体平台。

◆注意新媒体平台在搜索引擎中的权重，尽量选择一些权重高，且有新闻源的新媒体平台。

（3）发布的速度

文案的发布速度通常会影响内容输出的效果。例如发布一个新产品打折营销的内容，其打折营销活动通常是有时间限制的，如果发布时间落后于打折时间，这样就会严重影响产品的推广效果。所以在进行内容发布时，往往要考虑发布的时间以及成功的可能性，前提条件应该是确保能够及时地、成功地发布。

（4）发布的稳定性

稳定性是指内容发布后不会被删除，能够被平台长期稳定地收录，以增加新媒体自身的权重。为保持发布的稳定性，一般是将内容发布到流量大的网站，让更多人看到，在吸引了流量之后，就把这些流量引到发布内容所推广的项目和产品上。没有自身新媒体平台的编辑在发布内容时要注意，一定要选择正规的新媒体平台。

2.3.2 内容的优化与运营

在完成了内容的策划和生成后，新媒体编辑接下来的工作就是对这些内容进行优化和运营。新媒体是一个以用户为中心的行业，运营的目的就是一切围绕用户并促进产品迭代，实现盈利。

1．用户调研

用户调研是指通过对一定数量或范围的用户进行深入了解和分析，保证输出的内容符合用户的需求。对用户的调研可以让编辑更了解目标人群的生活习惯，从而提供更多信息，激发创作的灵感，更有针对性地提供更有效的内容方案。

（1）调研的定位

首先需要明确调研的背景，例如是在什么情况下发起的调研，是否需要调研解决；然后是调研的目的——希望从这次调研活动中得到什么结果。对于编辑来说，调研要聚焦到某个具体的问题，越具体，回馈的结果对编辑工作就越有价值。例如针对女性在某网站搜索周末两天出游的地区的调研就比较具体。

（2）选择目标用户

即根据调研的定位，挑选出大量符合行为的目标用户。例如调研下单转化率，需要筛选出下单流失的用户。当然，由于新媒体编辑与用户基本上都是通过网络进行交流，因此需要目标用户在时间、地址，以及配合程度上符合调研的要求。

（3）设计调查问卷或访谈提纲

调研的类型通常有两种：一种是设计调查问卷，交由用户填写；另一种是通过访谈的方式直接和用户交流，提出各种问题并对用户的提问进行回复。

◆**设计调查问卷：**内容包括用户对于输出内容的看法（是否满意）、还需要哪些功能和服务、从什么渠道获得内容、有什么建议、对于功能或使用等方面进行分类提问、有什么好的解决方案等。

◆**设计访谈提纲**：设计好用户可能提出的问题和必须回答的问题，把这些问题串联起来，和同事一起进行预演。设计访谈提纲可以参考本品、未知问题、竞品、已知问题的四象限列提纲进行准备，如图2-12所示。

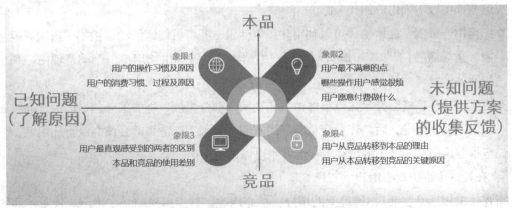

图 2-12　四象限提纲

（4）开始调研

根据设计的调查问卷或访谈提纲与目标用户进行交流，注意交流的态度和语气，尽量在预定的时间内完成。完成调研后需要将具体的结果以书面的形式提交，并可以在一定的时间范围内持续进行调研活动。

2．数据复盘分析

对于新媒体编辑来说，比较常用的一种内容优化和运营的方式，就是通过对每一次发布和传播的内容进行复盘和数据分析，从中找到适合目标受众的内容编辑方法，并根据数据的分析进行优化，其具体的内容如图2-13所示。

3．利用热点事件吸引用户的参与

热点事件通常会为内容输出带来足够的流量，因其能满足用户的好奇心与谈资需求。但热点也有一定的时效性，对于新媒体编辑来说，除了让用户参与传播，如果能够让用户也参与到热点中去，不但可以延长热点的持续期，还能增加用户的互动性。

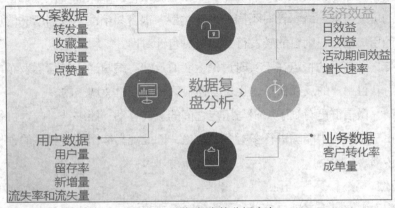

图 2-13　数据复盘的分析内容

◆ **增强用户的参与感和代入感：**参与感和代入感都可以通过组织一些用户活动来实现。例如将目前比较火爆的热点影视作品作为活动主题，就能通过扮演角色的方式引领用户参与活动，或者微信中比较常见的转发热点内容，收集点赞，用户就能得到某种奖励……这些都可以增强用户的代入感。

◆ **给用户一个消费的理由：**可以利用热点事件做一些打折促销活动，例如"庆祝亚运会夺冠，全场商品1折"等，既可调动用户的情绪，又能提供给用户一个消费理由，刺激用户冲动消费。

◆ **绑定周边产品或服务：**热点事件由人和物两个部分组成，物的部分包括周边产品或周边服务。例如春晚之后，许多演员所穿的衣服、佩戴的首饰等都会成为流行的爆款。为用户推荐这些产品就是编辑在内容运营中可以做的工作。

4. 在社区中维护核心用户

新媒体编辑通常会面对3种类型的用户：核心用户、普通用户和潜在用户。针对不同的用户群体，编辑要做的工作就是寻找优质的内容，利用置顶、推荐至首页或频道页、设置精华、标红等各种方法，将其推荐给所有用户。然后维护其中的核心用户，让这些核心用户分享和传播这些优质的内容，进而带动整个社区。

通常一个社区具有固定的用户数量，内容的发布与传播会带来一定的潜在用户。这类用户一般会先在社区逛逛，如果发现这个社区的内容很有价值，引起了共鸣，就可能进行注册，并对内容进行反馈，甚至发帖讨论。这就需要编辑进行后续运营，可以通过内容与该用户互动，并鼓励用户继续发帖，在聚集一定的人气后，这个用户就可能完成从潜在用户到普通用户，再到核心用户的转变。

5. 在微信群中进行推广

微信群在新媒体传播中的地位越来越重要，几乎所有引起大规模用户自发刷屏的事件都是通过群传播来扩散裂变的。微信群具有垂直精准、实时参与、多方互动的特点，更有利于内容的输出，并达到满意的输出效果。

◆ **垂直精准：**微信群的主题通常明确单一、垂直有效，例如某品牌汽车的车主群、某学校某班级的班级群等。编辑针对不同的内容类型，很容易精准地找到所需的用户群，而对于群里的用户而言，内容的转发行为也更具有针对性。

◆ **实时参与：**微信群的特点在于实时讨论、实时反馈，编辑通过微信群发布内容后，通常就能实时获得用户的反馈信息，也更方便在第一时间迅速调整内容。

◆ **多方互动：**微信群更有利于编辑与用户之间的双向互动，能够针对内容进行很好的沟通反馈。由于微信群中能够进行多对多的讨论，因此能为编辑提供更多的素材，产生更多的自发传播。

6. 用户反馈

新媒体输出的内容是为了满足用户的真实需求，要想获得这个真实需求，倾听用户的声音非常重要。而编辑进行内容运营时最重要的工作其实就是与用户沟通。从用户处获得反馈的过程，也能增加用户的黏性和对输出内容的信任度。编辑获取用户反馈的方式主要有被动接收和主动搜索两种。

（1）被动接收

被动接收是指编辑可以通过各种新媒体的专业用户反馈系统接收用户的信息。图2-14所示为新浪微博帮助网页，用户在该平台遇到问题时会到该网页留言，编辑在内容运营时，就要注意浏览这个网页，及时查看并处理用户的信息。

（2）主动搜索

大多数用户在遇到问题时，只要不影响正常的操作，就不会主动与客户服务人员联系，而是会通过发布微博、帖子等方式，在网络中求助。这种情况通常会降低用户的信任度，甚至会导致用户停止关注该媒体平台。所以，编辑在进行内容运营时，需要主动去搜索，看看用户最近遇到了什么问题，是否可以介入进行沟通等。

图 2-14　新浪微博帮助网页

2.4 » 知识拓展——新媒体编辑的招聘

不同的企业，对于新媒体编辑的要求是不同的。下面将介绍大多数企业招聘新媒体编辑时在职位描述、任职资格和面试官的提问3个方面的内容，通过这些内容，帮助大家进一步了解新媒体编辑的工作。

（1）职位描述

◆负责微信公众号的内容编辑，负责搜集素材、编辑、审校等工作，懂得捕捉相关热点并及时撰稿发布。

◆根据运营部门提供的选题进行素材整理和文案撰写，发布相关软文。

◆收集、分析和处理微信的意见和反馈信息，提高文章阅读数及转发数等关键指标。

◆配合公司策划相关推广活动，并参与执行。

◆负责公司自媒体日常内容的更新及维护，包括选题、素材搜集、文案撰写、图片设计、视频及音频剪辑等。

◆收集、整理、处理、跟进客户的反馈及留言。

◆从数据和用户反馈中，分析用户需求和把握用户情感，策划用户感兴趣的互动话题，挖掘核心用户并与之互动。

◆策划线上活动、营销活动、H5等传播文案。

◆参与负责公司客户的社群运营，保持和客户之间的良好沟通或互动关系，激发用户参与，促进优质内容的分享与沉淀。

◆紧跟微信发展趋势，广泛关注标杆公众号，积极探索微信运营模式。

（2）任职资格

◆中文、广告、新闻等相关专业本科或以上学历，2年以上新媒体或传统媒体工作经验。

◆有较强的专题策划、信息采编整合与写作能力。

◆有较高的职业素养、敬业精神及团队精神，善于沟通。

◆2年以上微信、微博文案策划经验，有成功的文案传播案例。

◆具备一定的审美能力，能够完成基本的插图作图、素材加工、视频及音频剪辑。

◆热爱新媒体行业，对热点极度敏感，能够敏锐地把握趋势，及时跟上热点的同时保有正确的价值观取向。

◆有扎实、出色的文案功底，可驾驭多种风格的文案。

◆原创能力强。

（3）面试官可能提出的问题

◆介绍自己。

◆针对简历提问，如在学校的经历和工作的经历等。

◆对应聘企业的了解。

◆为什么想做新媒体编辑？

◆什么才是好的内容？

◆介绍一个你曾经策划过的较为成功的活动。

◆你认为自己为什么能胜任这个职位?

◆如果你在组织一个校园的线下活动时遇到困难该怎么办?

◆用一件事说明自己的学习能力。

◆你怎么看待新媒体编辑这个岗位?

◆你觉得新媒体编辑需具备的基本技能是什么?

◆你觉得你的优势在哪里?

◆昨天发生了什么热点新闻? 你如何看这件事?

◆你对应聘企业的微信或微博账号,有什么运营推广思路?

◆比较一下新媒体和传统媒体。

◆如何做好一名新媒体编辑?

◆你认为未来新媒体编辑的发展方向在哪里?

◆你认为新媒体编辑应如何做好客户或用户工作?

◆你认为新媒体编辑的内容创作能力更重要还是用户运营能力更重要?

第 **3** 章

文案创作

　　作为一名新媒体编辑，必然要从新手开始经历一系列的成长过程，在这个过程中需要一直做的工作就是文案创作。文案定义的范围其实很广，在新媒体范围内，微信、微博、新闻稿、产品说明、广告词、软文，甚至直播的演讲稿等都可以称作文案。优秀的文案可以直击观众的内心，让人们印象深刻，而创作出优秀文案的编辑不仅可以为宣传的产品和品牌带来可观的收益，也能提高自己的收入。那么对于新媒体编辑来说，什么是文案？如何进行文案的创作？有哪些文案创作的技巧？这些就是接下来在本章中将要详细讲解的内容。

3.1 » 了解新媒体文案

在了解新媒体文案之前，首先要了解的是从传统媒体时代到新媒体时代，信息的传播方式发生了怎样的改变。在传统媒体时代，消费者只能被动接收信息，成功的文案常常只需要提取品牌的核心价值。到了新媒体时代，信息传播方式变成了网状交互传播，消费者可以自由参与信息传播，这时，成功的文案还需要具有传播价值。也就是说，新媒体时代的成功文案应该诞生在品牌价值和传播价值的重合区域。

3.1.1 新媒体文案的概念

要了解新媒体文案的概念，就需要分别了解新媒体和文案的概念。新媒体的概念在第1章中已经介绍过了，新媒体的作用是输出广告内容和创意；文案的作用就是设计需要传播的内容，使其更容易被人理解和记住，甚至被再次传播。

1．文案的概念

"文案"旧时是指古代官衙中掌管档案、负责起草文书的幕友，亦指官署中的公文、书信等；在现代，文案主要用于商业领域，通常是指公司或企业中从事文字工作的职位，或是指以文字来表现已经制定的创意策略的人或作品，其意义与古代文案是有区别的。

（1）现代文案

现代文案的概念则来源于广告行业，是"广告文案"的简称，多指以文字进行广告信息内容表现的形式，有广义和狭义之分。广义的广告文案包括标题、正文、口号的撰写和对广告形象的选择搭配；狭义的广告文案仅指标题、正文、口号的撰写。文案不同于画面或其他手段的表现手法，它是一个与广告创意先后相继的表现、发展与深化的过程，主要用于公司广告、企业宣传、新闻策划等方面。图3-1所示的"钻石恒久远，一颗永相传"就是一则非常经典的广告文案。

图 3-1　现代文案

（2）"5W1H"说明文案的定义

简单来说，文案其实就是广告语，就是广告中用来吸引消费者的文字。当然，在有些时候，也把从事文案创作工作的创作者称为文案。下面将通过"5W1H"来简单讲解文案的定义及其相关内容。

◆**WHY：文案的写作目的**

文案的写作目的是向读者展示最新的信息，说服他们改变观点或鼓励他们采取行动，多数文案都只有唯一的商业目的——鼓励读者试用或购买一个新的产品。

◆**WHAT：文案的定义**

文案是为广告、宣传语、传单、网站、宣传册、邮件、用户指南、文章、视频和脚本等提供的内容。当然，文案也可以指那些为广告创造概念和内容的人。

◆**WHEN：文案工作的时间**

由于文案写作与创意打交道，所以文案工作的时间通常在广告制作的前期。文案创作者应能轻易识别构成一个项目的概念和主题，也能通过对已有内容的"再创新"为广告附加许多价值。

◆**HOW：如何进行文案的撰写**

进行文案的撰写，其使用的工具通常比较简单，计算机和文字处理软件用来处理大段的文字，笔和纸用于记录随时迸发的灵感。通常情况下，文案的撰写都要考虑到客户的意见，不断地进行修改，对内容质量做出改进和提高。

◆**WHO：文案创作者的资格**

文案创作者并不需要取得官方的"资格认证"，几乎人人都有成为文案创作者的资格，但成为一名优秀的文案创作者却需要具备一定的特质，例如精通文学、充满创造力、具有极强的思考能力、具有侦探一样的好奇心、几乎通晓百科知识（好像"什么都知道一些"）等。

◆**WHERE：文案创作者的工作地点**

在企业或单位中，文案创作者是与设计师、Web开发人员、会计主管和销售经理等协同工作的，甚至一些独立的文案创作者是直接为客户和代理公司工作的。文案创作者通常都喜欢在产业聚集区工作。

2．新媒体文案

互联网的兴起，使得社会化传播渠道由传统媒体向新媒体倾斜，变得更具有社交感，而基于媒体存在的文案，其概念也在发生着变化。从文案的创作领域来说，文案的产生需要从传统媒体进化到新媒体；在文案产生的价值上，新媒体文案不仅具有传统媒体文案所具有的品牌价值，还具有崭新的传播价值。图3-2所示为一则典型的新媒体广告文案，这则某短视频网站的宣传文案很好地宣传了该品牌网站的主要功能——利用视频记录美好的生活，极具传播价值的同时，也传递了品牌精神。

图 3-2　新媒体文案

（1）体现品牌的核心价值

新媒体文案通常需要体现出品牌的核心价值，这个核心价值可以由品牌的主要产品或服务的功能属性和享受属性决定，并为品牌的定位提供内涵说明。作为新媒体文案的创作者，编辑应该在创作文案前提醒自己文案需要符合品牌的形象，更好地巩固品牌在消费者心中的地位。图3-3所示的各新媒体文案就采取了不同的方式来体现品牌的核心价值：OPPO手机主打快速充电的功能属性，回家吃饭App主打美食享受属性，小茗同学则主要塑造"90后"品牌形象。

图 3-3　体现品牌核心价值的文案

（2）具备主动传播价值

主动传播在这里是指观众主动分享或转发看到的文案。根据新媒体文案的特点和传播方式，一篇文案要具备主动传播的价值，应该具有以下几个方面的特征。

◆ **文案内容包含社交货币**

社交货币源自社交媒体在经济学上的具体概念，它被用来衡量用户分享的内容的价值。新媒体的一个特点就是内容的分享，但并不是所有被大量分享、转发、讨论的内容都能称为社交货币，只有那些人们看起来更优秀、更聪明、更受欢迎的内容才是。对于新媒体编辑来说，编辑的文案中要包含社交货币的内容，这样才能具备一定的传播价值。例如，分享一些体育方面的文案，说明用户是一个运动达人；分享新一季的服饰宣传文案，说明用户紧跟时尚潮流；分享美食文案，则说明用户对饮食的要求较高。

◆ **绑定提高传播价值的对象**

对于新媒体编辑来说，在创作文案时，要有意识地为文案绑定具有传播价值的对象，这样才能诱导用户不自觉地传播文案。这种具有传播价值的对象首先一定会出现在目标用户的生活中，其次是这个对象在用户生活中的出现频率比文案宣传的对象更高，这样才能提高文案的传播价值。

◆ **能够激发受众的情绪**

在社会关系中，情绪的共享通常能够迅速帮助人们建立情感联系，如兴奋、愤怒等比较激烈的情绪更容易使受众产生分享的行动。所以，编辑在进行文案创作时，应该要注意刺激读者的情绪，让读者对文案的内容产生共鸣，并进行分享和传播。图3-4所示的文案就表达了一种积极、令人敬佩的精神，很容易被用户分享传播。

图 3-4　正能量文案

◆ **从众效应**

大众通常都有从众心理，文案的共享人数越多，也就会有更多的人参与传播。例如，苹果手机由于性能及使用体验较好，购买的人不在少数，关注的人也较多，因此一旦有涉及苹果手机的文案，就容易得到受众的分享。

◆ **实用价值**

实用价值是指产品或信息能够满足人们某种需要的属性。在新媒体环境下，具有实用价值的文案内容能帮助别人，体现自己的价值。例如，在朋友圈中经常能看到《如何控制自己的情绪》《不同血型的健康饮食指南》之类的实用型文章。

◆故事性

故事是最新鲜也最容易受到人们欢迎的信息接收方式，故事性的文案能让受众记忆深刻，能够拉近两者之间的距离，并让受众在不自觉中产生消费行为。例如，以前茅台海外参展摔酒瓶的故事至今仍为人们津津乐道；网易云音乐地铁文案，也是通过一些关于生活和爱情等的小故事，成功引发了大众的共鸣和分享。这些故事为企业带来的卓越品牌传播贡献也是毫无争议的。

（3）品牌价值与传播价值的融合

一个文案具备了品牌价值和传播价值后，还需要将二者牢牢地绑定在一起，这样才能称为新媒体文案。品牌价值与传播价值的融合具有以下几种方式。

◆融入产品形象

产品形象的融入并不是一件简单的事情。例如前面介绍的米其林轮胎的产品形象大使——米其林先生，在米其林的各种文案、视频和宣传产品中，并不是将它单纯地植入，而是将该形象作为一个"真人"进行宣传，让受众能真实感受到米其林先生的各种情绪和行为，带领受众感受米其林品牌的文化和价值取向。

◆融入品牌或产品名称

在文案中融入品牌或产品名称是件不容易的事，既要展示品牌或产品，又要在不经意间加深受众对于品牌或产品的认识。下面是奔驰汽车的新春文案，如图3-5所示。

图3-5　融入品牌和产品名称的文案

这组文案都是新春祝福的话语，并在话语中选取了一定的文字，替换成奔驰汽车相应的产品系列，既代表品牌精神，又包含品牌名称，既得到了受众的关注，也使得相应的产品深入人心。

◆融入产品功能

在文案中融入产品功能常常会给受众造成"这是一条广告"的心理暗示，所以在创作文案时，需要用比较委婉的方式来体现产品的功能，减少受众的排斥感。例如著名的劳斯莱斯汽车的宣传文案，内容为"这辆新型劳斯莱斯在时速六十英里（96千米）时，最大噪声来自电钟"，就充分地表达了该款汽车舒适性的核心功能，如图3-6所示。

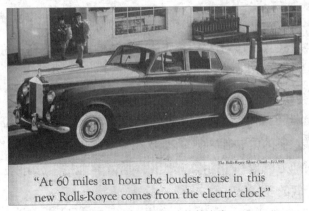

图 3-6 融入产品功能的文案

◆ **融入创始人形象**

创始人形象和品牌形象密不可分，近年来，中国越来越多的企业家从幕后走向台前，借助自己的影响力为品牌代言，例如格力电器的董明珠、褚橙的褚时健等。图3-7所示为褚橙的文案，除了褚橙真的好吃以外，更重要的是褚橙品牌的拥有者——褚时健创业的不可复制的情怀价值，使褚橙被赋予了创始人褚时健大起大落的人生经历，代表了一种可贵的时代精神。

图 3-7 融入创始人形象的文案

◆ **融入品牌精神**

品牌精神是指一种能够代表企业或品牌的富有个性的精神，是品牌蕴涵的意义、象征、个性、情感、品位等综合文化因素的总和。融入品牌精神的文案能满足消费者情感、心理层面的需要，更容易被消费者转发和传播，让其产生消费的行为。例如某运动品牌的一系列文案都很好地诠释了其所倡导的坚持运动、挑战自我的品牌精神，如图3-8所示，在具有传播价值的同时，也融入并传递了品牌精神。

图 3-8 融入品牌精神的文案

65

3.1.2　新媒体文案的特点

新媒体文案由于发布的媒体渠道和传统媒体文案不同，除了具备传统媒体文案的一些特征外，还具备一些更适合新媒体传播的特点。

1．发布成本比传统媒体低

在电视、报刊和杂志这些传统媒体上发布广告的成本较高，而通过微信公众号、企业官方微博这些新媒体发布宣传文案的成本则要低很多。现在很多企业和品牌不断将推广预算转移到新媒体领域，一些大中型企业在新媒体中的推广费用占到整个企业推广费用的70%以上。

2．传播渠道和形式的多样化

消费者接收和传播信息的渠道从传统的电视和纸质媒体，发展到今天的QQ空间、微信公众号、微博和新闻App等。为了发布的文案能迅速被大量传播，企业通常会通过多种渠道发布同一篇文案，甚至针对不同渠道代表的不同目标人群发布同一篇不同样式的文案。

现在的电脑和手机，通过网络可以完成电话、短信、广播、电视、游戏等多种媒体的功能，而新媒体的传播方式也极为多样，如数字杂志、数字报纸、数字广播、手机短信、移动电视、网络、桌面视窗、数字电视、数字电影、触摸媒体等。因此现在的文案不仅能以文字的形式发布，还可以通过图像、视频和游戏等多种形式呈现。

3．传播行为的个性化

个性化其实也是传播形式的一种，新媒体多样化的平台可以为每一个人提供文案的传播渠道，如博客、朋友圈和播客等。每一个人都可以通过这些新媒体平台发布文案，个性地表达自己的观点，分享并传播自己关注的信息。这种个性化的传播行为既有利于提升文案的宣传效果，又大大降低了文案发布的成本。

4．具有极强的互动能力

新媒体最大的特点就是与受众的互动性，新媒体文案同样具有这一特点。传统媒体的传播方式就是单向、线性和不可选择的；而新媒体的传播方式则是双向的，传统的发布者与受众都可成为信息的发布者，而且二者可以进行互动。新媒体在向受众传播文案的同时，可借助各种社交新媒体平台直接与受众进行沟通互动，并随时接收受众的反馈信息，既进行了产品或品牌信息的传播，也能通过新媒体为受众提供更好的售后服务。

5．针对的目标人群更准确

在传统媒体时代，文案发布针对的人群没有统一的标准，通常是针对所有该媒体的用户。新媒体时代则不同，每一个新媒体平台均有特征明显的用户群体，例如年轻人多使用QQ，而成年人和职场人则多使用微信等。针对不同的目标人群发布的文案更容易被其接受并传播。

3.1.3　新媒体文案的类型

从新媒体文案的概念来看，文案的价值在于传递信息——产品和品牌的价值信息。一个好的文案，可以让目标受众对产品的认知从无到有，或者保持统一，或者认识升级，从而为后续的市场推广、产品销售创造良好的环境。对于编辑的创作来讲，文案的类型是重要的影响因素，不同类型的文案，其写作方法及应用场景都是不同的。了解文案有哪些类型，并且在什么情况下使用哪种类型的文案，对于新媒体文案编辑而言是一个不得不重视的问题。

1. 营销文案和传播文案

除了公益广告，几乎所有的普通文案都是为销售服务的。根据广告文案的主要目的可以将其分为营销文案和传播文案两种类型。

◆**营销文案：** 这是一种主要针对目标消费者进行销售诱导的文案类型。营销文案需要洞察消费者的需求，准确把握他们的诉求点，把产品的价值好处完全展现在消费者面前，让他们相信购买这个产品就能满足自己的需求，如图3-9所示。

◆**传播文案：** 也可以称为宣传文案，是为了扩大产品或品牌的影响力的一种文案类型。这种文案的传播目标不是让受众产生购买行为，而是通过生活方式和情感态度等内容的描述，让消费者了解产品或品牌的形象，对其产生一定的印象，所以又被称为形象广告。知名品牌或大企业做的广告多是这种形象广告，如图3-10所示。

图 3-9 营销文案

图 3-10 传播文案

专家点拨

营销文案需要能够立刻打动人心，并促使消费者产生消费行为；而传播文案则侧重于引起消费者的情感共鸣，以得到广泛的关注。

2. 长文案和短文案

这种分类方式的依据是内容篇幅的多少。通常几十个字以内的都被称为短文案，这也是新媒体文案最常见的类型，即通过简单的语言来表现核心的信息。而长文案则需要构建比较复杂的文案环境或人物关系，甚至情感、情绪，消费者通常没有耐心来仔细阅读此类文案，其在新媒体中使用的频率较低。

3．软文和广告

这是一种按照文案在新媒体中的植入方式进行分类的新媒体文案类型。软文也称为软广告，是指企业通过策划，在新媒体平台上刊登的可以提升企业品牌形象和知名度，或可以促进企业销售的一些宣传性、阐释性文章，包括特定的新闻报道、深度文章、付费短文广告、案例分析等。广告则是指硬广告，这里是指在新媒体上看到和听到的那些宣传产品的纯广告。软文的精妙之处就在于一个“软”，追求的是一种春风化雨、润物无声的传播效果。如果说普通的广告是少林拳，气贯山河、刚猛无俦，那么软文就像太极一样，绵里藏针、藏而不露、克敌于无形。图3-11所示为一篇网上比较著名的情感型软文节选（全文可自行搜索），整篇文章内容描写了一个感人的情感故事，在文章的最后才展示出了产品信息。如果将其结尾修改一下，还适用于推销其他的产品。

19年的等待，一份让她泪流满面的礼物

2013年12月20日06:43 | 我来说两句(164人参与) | 保存到博客

说小不小说大不大的圣诞礼物。

他们结婚19周年纪念日，恰好是圣诞节。

几天来，她一直头疼，失眠，心情特别郁闷。4S店的工作太繁杂，整天忙乎得焦头烂额，她简直不想再做了。整个店里有上百号人，财务账目惨不忍睹，同行竞争日益残酷，员工管理也复杂，忙时人员不够用，闲时人多没处用，双休日几乎没有休息过，简直让她一筹莫展身心疲惫。

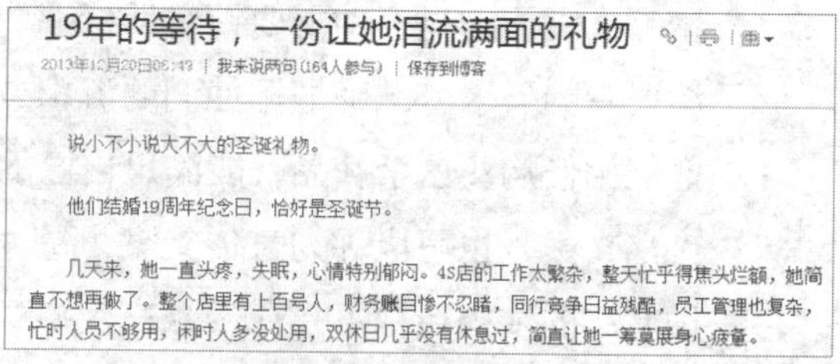

图 3-11　情感型软文

4．其他文案类型

由于新媒体的传播渠道多样化，文案可以在多种传播渠道中进行发布，例如微信公众号、朋友圈、微博和App等，因此，也可以按照这些不同的传播渠道进行文案分类。另外，按照表现形式的不同，也可以分为纯文字文案、图片文案、动画文案和视频文案等类型。图3-12所示为某电商的食品促销动画文案。

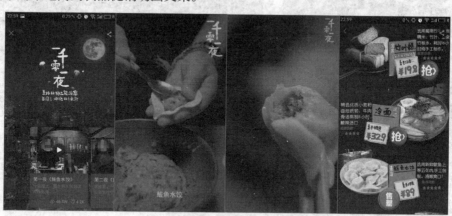

图 3-12　动画文案

专家点拨

动画文案是一种在新媒体环境下诞生的文案类型，它汇集了文字、图片和多媒体技术，主要是利用文字和图片场景，以及一定的音效甚至视频去刺激消费者产生情感和欲望，通过影响人心去影响最终的传播效果，具体内容将在后面的章节中详细讲解。

3.2 » 新媒体文案创作前的准备工作

作为一名新媒体文案编辑，只靠优美的文字或熟练的语法，而缺乏对实质性内容的积累，是无法创作出高流量文章的。相反，具备了良好的语言表达能力和写作功底，做好创作前的准备工作，这样写作过程才会变得轻松、顺畅，写出来的文章才能得到消费者的认可。未雨绸缪总是好的，前期工作的充分准备一方面能体现编辑的专业性，另一方面能更好地定位运营方向。

3.2.1 分析受众人群

新媒体文案创作的最终目的是实现转化、促进销量或加深品牌认知等，创作文案之前的首要工作就是分析目标人群，找到切入点，通过文案引发共鸣。受众人群不同，写作的方向和方法也会有所不同。分析目标人群的目的则是要区别不同人群的特点，从而在进行文案创作时更有针对性。通常可以从文化、社会和个人3个方面进行分析。

1．文化

文化是人类需求和行为的最基本的决定因素，不同地区都有其对应的特有文化。另外，不同的社会阶层在消费、兴趣爱好、语言模式等方面的差异导致文化上也有区别，阶层文化的不同主要由职业、收入和教育等因素决定。

2．社会

社会因素是指影响消费者阅读文案的类型和购买决策的参考因素，包括自己的家庭、社会角色等。

- **家庭：** 不同家庭的不同成员，对于消费或购买活动的定位是不同的，在活动中扮演的角色也是不同的。
- **社会角色：** 社会角色不同的人会产生不同的行为，例如在窗口部门上班的人和在互联网公司上班的人，对于服装样式的需求就不同。另外，在不同的场合，角色所对应的形象也略有不同，例如医生在工作和生活中对于服装样式的需求也会不同。

3．个人

个人因素也会对文案创作产生影响，当然，这里的个人是指消费者。文案创作前可以了解一下消费者个人的基本情况，例如性别、年龄、职业和兴趣。然后根据文案的内容选定一些对应的项目，例如产品特别适合大学生，那么文案创作就需要定位消费者的学历；产品特别适合头发多油的男性，那么就要定位消费者的性别和发质。

- **年龄：** 不同年龄的消费者，需要的商品和服务也不一样，针对不同年龄的消费者，创作的文案应该有不同的风格。例如针对年轻人就应该活泼自由，针对中年人就应该成熟稳重等。
- **职业：** 不同职业的消费者，需要的商品和服务也不一样。例如上课的学生对于零食的需求较大，上班的白领则更喜欢水果和正餐。

◆ **兴趣**：兴趣是消费者进行消费时的重要参考标准之一，编辑在创作文案前需要通过对潜在用户的分析，了解他们经常逛哪种类型网站、喜欢阅读哪些文案，然后针对性地创作，覆盖更多的潜在用户。

◆ **地域**：地域因素是指了解目标消费群体集中于哪些地域，并根据地域特点创作转化效果好的文案。例如很多美食就具有地域特点，在创作对应的文案时，就需要根据目标消费者的地域特点来描述和解释，这样才能获得本地消费者的认同。

◆ **个性化**：每个消费者都有自己独特的个性，产品和服务也一样，消费者倾向于购买更能展示或代表自己理想形象的产品或服务。例如汽车，通常一个汽车品牌有不同价位的产品，不同的产品有不同的定位，对应的文案创作就应该针对不同用户的个性化需求。

3.2.2 分析竞争对手

在创作新媒体文案之前，需要对竞争对手进行正确的定位，因为知己知彼才能百战不殆。优秀的文案从来都不是简单地罗列一些营销计划，而是在正确定位竞争对手的前提下，突出文案中产品或服务差异化的点。

关于竞争对手，不同的行业有不同的分类。对于文案创作来说，竞争对手有两种类型。

1. 产品类型相同的竞争对手

类型相同是指竞争对手处于相同行业，具有相同的基本特征，针对的用户群体也基本相同。对于这种类型的竞争对手，需要另辟蹊径，突出产品的某一项特点，从不同的产品定位出发占领市场。例如沃尔沃汽车在众多汽车品牌中脱颖而出，在市场上占据一席之地，其突出的特点就是"安全"，其各种营销宣传文案的内容都以安全性能展示为主，如图3-13所示。

图 3-13　汽车安全文案

2．产品类型不同的竞争对手

类型不同是指竞争对手处于相同或不同的行业，具有能够生产满足同一消费欲望的不同产品的可替代性，针对的用户群体也基本相同。例如人们为了解决上下班的交通问题，可以购买自行车、电动车、摩托车或者汽车，它们在满足交通需求上是可以相互替代的，这些产品就是能够满足相同需求的不同类型的产品，那么提供交通产品的各个企业之间就在这一部分市场上形成了竞争关系。

面对这种类型不同的竞争对手，创作文案时就需要将所有竞争对手满足消费者需要的特点都罗列出来，找到本产品所属类型的优点，强调本类型产品的优势，并在文案中表现出来。例如自行车、电动车、摩托车和汽车，都能够满足交通需求，但各有优势，自行车环保、节约空间、携带方便且能锻炼身体；电动车环保、速度快、性价比较高；摩托车速度更快、使用成本较低；汽车安全舒适等。图3-14所示的文案，并没有和类型相同的竞争对手做比较，而是通过和不同类型的竞争对手做比较，突出自己产品的优点。

图 3-14　某读书网站文案

> **专家点拨**
>
> 还有一种情况是某产品是消费者目前不需要或很长一段时间内并不打算购买的。对于这种类型的产品，创作的文案就需要着眼于消费者的周边属性，为其创造一种消费的可能，例如社会属性中的家庭成员、年龄属性中的未来岁月或者个性化属性等。图3-15所示扫地机器人文案，可能很多男性消费者不会考虑这个产品，但是经常打扫房间的家人却有这方面的需要，所以应在文案中表达"为了自己的家人，可以购买该产品"的内容。
>
>
>
> 图 3-15　扫地机器人文案

3.2.3　分解产品属性

从分析竞争对手的操作中可以看出，编辑进行文案创作前，首先需要了解产品的属性和特点。因为一个产品可能拥有多种属性，需要不断地进行差异化分析，在创作文案时，编辑才知道应该突出产品的哪一种属性或特点。

简单来讲，产品的属性有以下几种分类。

◆ **外观：**包装、颜色、形状。

◆ **材质：**原材料、材质结构、材质来源。

◆ **工艺：**工艺原理、工艺专利、工艺过程。

◆ **功能：**功能属性、功效属性。

◆ **人群：**人群年龄、特殊时期、特殊年龄、特殊习惯、特殊体质。

◆ **地域：**特定地形、特定气候、特定地区。

◆ **时间：**特定时刻、特定时间、特定季节。

◆ **理念：**消费的内容、消费的定义、制造的意义。

◆ **概念：**新的理解。

◆ **社交：**友情、亲情、爱情。

◆ **情怀：**高尚的心境、情绪、胸怀、品格和价值观。

1．有形

产品的有形特征是指产品所具有的基本的特征，例如性能、外观、材质、工艺和功能等方面的特点。图3-16所示为某护肤品的文案，主要就是将产品的材质——矿物微量元素作为文案的重点，通过材质来展现该产品和其他同类产品的不同，可以让消费者更加信赖产品的质量，更加相信产品的价值。

图 3-16　展现产品材质属性的文案

2．无形

产品的无形特征更多地体现在产品给人的感知和产品所营造的氛围上，例如理念、概念、社交和情怀等。图3-17所示为某款饮料的文案，该文案就是利用文字突出了该产品的社交属性，让包装替用户说话，表达用户心里的感情。

图 3-17　展现产品社交属性的文案

归纳产品的核心卖点

经过以上几个步骤，大概的文案思路基本就确定了。接下来就需要为产品归纳一个核心卖点，这是使产品畅销、建立品牌的重要因素。

1．卖点和核心卖点

所谓"卖点"无非是指商品具备了前所未有、别出心裁或与众不同的特点。这些特点一方面是产品与生俱来的，另一方面是通过营销策划人的想象力、创造力附加的。不论它从何而来，只要能使之落实于营销的战略战术中，化为消费者能够接受、认同的利益和效用，就能达到产品畅销、建立品牌的目的。

卖点可以是产品的有形属性，也可以是无形属性。但是核心卖点只有一种，就是能够体现这个产品核心竞争力的一个点。这个卖点可以瞬间让消费者记住，从而表现出这个产品的竞争力；并且跟同行相比，它的竞争力非常明显，这个极其明显的竞争力即被称为核心卖点。图3-18所示为某品牌洗衣产品的文案，文案卖点是"不伤手""洗护合一"，这样的卖点能使该品牌与其他品牌区分开来，而且具有极强的竞争力。这就是核心卖点。

▲ 立白洗衣液，
洗护合一不伤手Logo

图 3-18　核心卖点文案

2．卖点的层次

网络时代的产品竞争更加激烈，相同产品通常都具有相同的核心卖点，这就需要文案人员在进行文案创作时，把卖点创作从产品竞争上升到品牌竞争乃至理念竞争，超越一个层次和等级，才可能获得成功。通常情况下，卖点的等级和层次分为以下3种。

- ◆ **三流企业卖产品：**产品本身的卖点竞争是最低层次的竞争，因为产品本身的卖点往往可以被同行复制。

- ◆ **二流企业卖品牌：**品牌本身的企业价值与精神跳出了产品本身，更具有品牌价值传播的性质，这就上升到了一个新的层面。

- ◆ **一流企业卖理念：**企业的最高境界就是卖理念，因为理念跳出了产品和品牌，站在行业的角度去吸引消费者，给他们传达的是一个新的决策观念，占领他们的决策心智。这样的卖点就是理念层次的卖点。

3．归纳核心卖点的方法

核心卖点的本质是对某种产品属性的放大，每一个卖点都是一个属性，这个卖点其实就是对它的属性做了一次显著的表达。文案创作人员除了深刻了解产品属性，并对产品的属性进行彻底的分解，还可以通过以下几种方法来归纳核心卖点。

- ◆ **将产品特点与消费者获得的利益相连接：**文案的描述要说明产品有多好、如何使用，同时还应该向消费者解释为什么应该拥有这个产品，告诉消费者当他们购买了这个产品后会获得什么样的好处。

- ◆ **利用数字具体化：**用数字做卖点能直接让消费者知道文案在表达什么。文案中可以利用数字从多个角度来阐述一个产品，例如"充电5分钟，通话2小时"就充分说明了该产品充电和续航能力强的特点，这也是该产品的核心卖点。

- ◆ **唤起消费者的某种情绪：**快乐、愤怒、悲哀和恐惧是人类的4种基本情绪，如果能通过文案以合理的尺度唤起其中的一种，就能达到很好的宣传效果。例如，"你不理财，财不理你"就唤起受众一种比较恐惧的情绪，达到"想发财，找某某某"的效果。

- ◆ **利用视觉信息带给用户真实的感知：**这是新媒体文案才具有的特点之一。新媒体通过视频文案的方式，可以将普通文案的核心卖点用视觉载体表现出来。例如要表现照相机拍照清晰这一卖点，可以通过视频具体的拍摄过程来展示。

- ◆ **与用户身边的东西产生关联：**这也是文案创作的一种方式，就是将文案的内容与消费者的日常生活结合起来，通俗地说就是"接地气"。例如某产品的核心卖点是营养价值极高，在有依据的前提下就可以在文案中直接描述"相当于吃了2个鸡蛋和6个苹果"。

4．新卖点

新卖点就是产品的卖点与同行的产品卖点相比要有所不同，这就需要在文案中提出与同行的竞争对手不同的卖点，这个卖点应是非常有竞争力的。图3-19所示的某品牌果汁机文案中，新卖点是"破壁"，宣传这种果汁机能打破水果细胞壁，激发水果中的生化素，真正做到对人体有益。就是因为这样一个新卖点的出现，破壁果汁机就成了一种非常热销的产品，售价比普通果汁机高数倍。

图 3-19　新卖点文案

◆**提法新颖**：新卖点在提法上是新颖的，对于消费者来讲是第一次听说，是完全没有见识过或者感到耳目一新的。

◆**认知新颖**：新卖点在人们的认知上是新颖的，这个卖点具有颠覆性，具有填补消费者思想认知上空白的作用。

◆**表达新颖**：这是指即便不能填补消费者思想认知上的空白，但卖点在表达上也要新颖，同一个卖点可以换一种表达方式。

5. 独家卖点

对于文案创作者来说，如果能为产品创作出一个独家卖点，那可能是文案创作的最高境界。因为独家卖点相当于为产品设了一个壁垒，占领了消费者的唯一认知，使同行无法模仿和复制，就像为产品申请了专利一样。创作独家卖点可以从以下两个方面着手。

◆**独家软实力**：软实力通常是指企业的品牌价值、品牌故事、团队、某种独家工艺，或者是某种独家配方等，这些通常不能够被同行复制和模仿。因为这是从企业的软实力中寻找到部分内容进行创作的，并是该企业独家拥有的，这个卖点就具有了唯一性。凡是从这些软实力中去思考提炼的卖点，往往就很容易成为独家卖点。

◆**独家垄断心智**：心智垄断的卖点是指无法复制的、有一定行业门槛和竞争壁垒的卖点，这也是很多文案编辑非常希望能创作出来的一种卖点。独家卖点一旦找到，就会使品牌认知形成明显的关联心智区别，会直接把一个产品打造成一个品牌。如图3-20所示，这种电饭煲是一种能够做出"柴火饭"效果的电饭煲。这个卖点一出来即成为消费者对该品牌电饭煲的唯一认知，直接让该品牌的这款电饭煲成了全网的畅销产品。

图 3-20　独家卖点文案

3.3 » 新媒体文案创意方法

在文案创作过程中，编辑人员需要了解以下几种进行文案创意的基本方法。

3.3.1　发散思维进行要点延伸

发散思维进行要点延伸就是将产品特点以单独的要点的形式排列开来，再针对单独的要点进行展开叙述，丰富文案的素材、观点，为文案提供资料来源。这种方法要求将产品的特点展开，需要编辑人员对产品有深入的使用体验、产品认知，如图3-21所示。

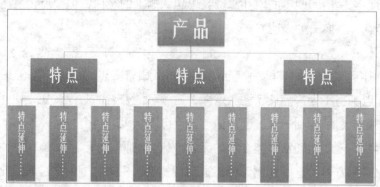

图 3-21　要点延伸

3.3.2　九宫格创意思考

九宫格创意思考是强迫创意产生的简单练习法，很多人都常用这种方式构思文案或演讲PPT的结构等。九宫格思考法的操作步骤如下。

◆**步骤1：** 拿一张白纸，先画一个正方形，然后用笔将其分割成九宫格，如图3-22所示，将要进行创意思考的主题（产品名等）写在正中间的格子内。

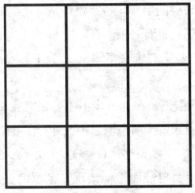

图 3-22　九宫格

◆**步骤2：** 将与主题相关的联想内容写在周围的8个格子内，尽量用直觉进行联想，不用刻意寻求"正确"答案。

◆**步骤3：** 尽量扩充8个格子的内容，鼓励反复思考、自我肯定及否定，但无须给自己压力。必须在规定的时间内填完这些格子，对先前写下的内容也可以进行修改。

1. 如何填写九宫格

九宫格思考法有助于人的思维发散。用九宫格思考法创作新媒体文案时，要把创作对象的名称写在正中间的格子内，再把由该主题所引发的各种想法、联想写在其余8个方格内。文案创作可以采取下面两种填写法。

◆**依顺时针方向填：** 按照顺时针方向把自己想到的要点填进方格中。

◆**任意填：** 将自己想到的要点填进任意一格，不用想这些点之间有什么关系。

2. 九宫格创意的注意事项

如果8个方格填不满，可能是一时没想到，可以先放一放；如果8个方格不够填，可以继续绘制九宫格进行填写，然后再去粗取精，整理成一张表格。

在填完九宫格后，还需要检查一下这些是不是必要的点，是否需要删去一些；或者其中是否有一两个点是混杂在一起的；或者有些点是否不够明确，还需要重新修改一下。这就是九宫格思考法的一个好处，它可以让文案创作者不受限制地进行修改，一直修改到满意为止。而且九宫格中的每一单项，都可以再进行细分，再拉出来一张九宫格；这样一直扩展，可以得到非常细致的文案内容。

另外还要注意的是，并不需要将九宫格中所有的点都表现在文案中，而是应根据文案的类型进行选择。例如，在品牌文案或推广文案中，卖点最多不要超过3个；而在销售文案或长文案中，就需要尽可能地展示出产品的所有特点和优势。

3.3.3　金字塔五步创意

金字塔五步创意方法是由美国的一位广告大师创造出来的，顾名思义分为5个步骤。

◆ **步骤1，收集原始资料：** 原始资料分为一般资料和特定资料，一般资料是指人们日常生活中所见所闻的令人感兴趣的事实；特定资料是与产品或服务有关的各种资料。要获得有效的、理想的创意，原始资料必须丰富。

◆ **步骤2，内心消化：** 这一步骤要求文案编辑思考和检查原始资料，要求文案编辑对所收集的资料进行理解消化。

◆ **步骤3，放弃拼图，放松自己：** 在这一步不需要文案编辑去思考任何问题，一切顺其自然，简而言之，就是将问题置于潜意识之中。

◆ **步骤4，创意出现：** 如果文案编辑都认真踏实、尽心尽力去做了上述3个步骤，那么，几乎可以肯定地说，第4步会自然而然地出现。创意会在没有任何先兆的情况下突然闪现，换言之，创意往往是在竭尽心力、停止有意识的思考后，经过一段休息与放松后出现的。

◆ **步骤5，修正创意：** 一个新的构想不一定很成熟、很完善，它通常需要经过加工或改造才能适合现实的情况。

3.3.4 头脑风暴不断联想

文案的存在为产品和品牌赋予了一层新的"外衣"，让消费者能愉快地接受这些事物，这些都是创意在产生作用。文案的创意是文案最重要的元素，而头脑风暴法则是非常有效且常用的创意产生方法。头脑风暴法是一种创造能力的集体训练法，鼓励人们打破常规思维、无拘束地思考问题，从而可以在短时间内批量产生灵感，甚至有大量意想不到的收获。

1．围绕主题进行联想

头脑风暴法的第一步是审读主题，并围绕主题进行联想，思考的时候可以天马行空，但是不能跳出主题的范围。更仔细一点的方法是寻找该事物不同的特点和思考方向，根据每个特点和方向罗列相应的两三个关键词，再次分别打开新的思路。

图3-23所示的表格中共有16种创意组合。首先，对同一个特点或方向的关键词进行随意搭配，就会出现不同场景下的关键词组合，这是创意来源的一种方式。其次，随意组合不同特点与不同方向的关键词，再对搭配出来的关键词进行画面联想。

特点/方向	特点1	特点2	特点3	特点4
方向A	1A	2A	3A	4A
方向B	1B	2B	3B	4B
方向C	1C	2C	3C	4C
方向D	1D	2D	3D	4D

图 3-23　创意组合表格

2．确定文案的风格

文案的风格多数取决于所要描绘的产品，情怀、有趣、温馨、实在、华丽、好玩等，这些都是文案涉及的风格样式。图3-24所示的某品牌房产文案"最温馨的那盏灯，一定在你回家的路上……"，风格是清新温馨，为消费者营造出家的感觉，并提醒消费者有质量的生活是多么重要。

图 3-24   温馨风格的文案

3．参考各种外部信息

外部信息是指已完成的文案案例、各种外部素材和流行热点等。在进行文案创意前，需要对这些外部信息进行综合整理。

◆ **已完成的案例：** 寻找各个案例的异同点，判断它们是否成功；再去寻求差异化，从而完善这次的案例。

◆ **外部素材：** 例如看微信热搜排行榜和热门微博，也可以从微博和微信搜索栏中搜索关键词来进行参考。

◆ **流行热点：** 结合时下热点，借热点带来的流量来结合产品或者该事物；也可以去搜索同行业比较有影响力的公众号，参考和模仿其风格。

4．理解并确立主题

编辑人员要认真思考：文案的主题是什么，应该在哪里使用，为什么消费者会使用和接触产品，一般在什么时间会用得比较多，消费者对其使用效果进行了怎样的评价，并站在消费者的立场研究该主题是否能对自己有吸引力。思考完这些，就能对这个产品或品牌形成确定的想法，便于进一步确定文案的主题。

5．通过外部刺激进行创意

编辑在进行文案创意时，还可以通过听歌、变换地理位置和经常记录等方式来获得灵感。

◆ **听歌：** 头脑风暴有时需要一点外部刺激，例如听一些歌曲，让这些歌成为灵感的"催产药"，让自己处于一种听到音乐就会不由自主地迸发灵感的状态。

◆**变换地理位置：**变换地方进行思考时，从大脑溢出的想法也可能会不同。

◆**经常记录：**很多时候创意和灵感来源于生活中的灵光一现。在生活中我们会看到、听到一些有意思的东西，及时记录下来就会成为一个新素材；平时细心观察各种大情小事，从观察到的现象中进行思考、联想和挖掘。这些都可能成为文案创作时的灵感源泉。

3.4 » 新媒体文案创作技巧

文案编辑要想用最快的方式、直接的语言传递出一个完整信息，需要掌握一些基本的创作技巧。

3.4.1 新媒体文案创作的切入点

在文案创作时，找不准切入点的文案就像没有开刃的武器，既无法打败竞争对手，也无法获得消费者的认同。什么是切入点呢？通俗地说，切入点就是解决某个问题应该最先着手的地方。切入点在文案内容中应该为"牵动全身的点"，它是一种连接文案内容和消费者的工具，在形式上能激发消费者思考，能搭建文案内容和消费者已有知识结构之间关系的"桥梁"。

1. 利用新闻获取流量

以新闻故事为切入点做文案，不仅关注了新闻，还反映了产品同新闻一样的超前意识和行为特征。图3-25所示为某汽车品牌利用持续高温的新闻创作的销售文案，文案以高温的新闻事件作为切入点，将室外高温与车内通过自动恒温空调带来的凉爽进行对比，可以在很短时间内获得大量消费者的关注，为该品牌汽车带来了一定的销售量。

借助新闻创作文案有以下几点注意事项。

◆**了解新闻的生命周期：**新闻事件都有一定的生命周期，利用新闻创作文案的最佳时机是从新闻发生到媒体记者挖掘更多信息的这段时间，这期间的文案很容易被关注新闻的消费者接受。反之，如果消费者在看到文案时想不起提到的新闻，文案就无法实现其目标。

图 3-25　利用新闻创作的文案

◆ **做好获取新闻的前期准备**：文案编辑必须学会第一时间抓到新闻，并找到新闻与文案内容契合的创作点；而且，在创作文案时应尽量选择使用搜索量高的新闻事件和关键词。

◆ **快速准确地创造出文案内容**：由于新闻的时效性，在做上述准备工作时要迅速，不要因太过于追求完美而耽误首次响应的时间，影响文案的新闻效果。

◆ **做好线上、线下传播**：文案创作完成后还需要认真选择宣传渠道，这也是决定文案成败的最后一步，尽量选择与新闻联系紧密的新媒体平台，如微博和微信等。

2．利用热点话题宣传品牌

热点指的是比较受大众关注或者欢迎的新闻或者信息，或指某一时期引人注目的地方或问题。热点通常能吸引大量的关注，为文案内容传播提供一个数量较多的目标基础。如果一个热点事件一直在被大众注意，则与此有关的文案就很容易得到传播；如果能在8个小时之内抓住热点写出文案，其传播会更快。图3-26所示为几个抓取高考热点写出来的品牌文案，这类文案通常在当时传播得很快，但到了高考结束后其传播热度就大大降低。

图 3-26　利用热点创作的文案

借助热点创作文案有以下几点注意事项。

◆ **掌握热点的时效性**：热点通常有一个星期的时效，过了时效的热点也就没有什么炒作的必要了。对于利用热点作为切入点创作的文案，最好是在热点出来后的三天内就好一系列的营销工作，这样能博得大量的关注。

◆ **找到文案内容与热点的结合点**：根据热点创作文案最重要的就是把文案内容与热点话题联系起来，两者之间要有一定的契合度，才能获得更好的营销效果。

◆ **对热点进行创新和转换**：创作热点文案时，不能一味地复制套用，要学会抓住话题的关键点并进行创新和转换。图3-27所示为某汽车品牌C系列汽车的营销文案，它抓住了考试做选择题这一关键点，既蹭了热点，又介绍了产品。

图 3-27　创新并转换热点的文案

3．从日常生活中找到亮点

对于普通消费者来说，如果文案能涉及他们生活中最关心的问题，其实更能吸引他们的注意力。大多数普通消费者关心的问题包括食品安全问题、空气污染问题、养老问题、就业问题、生活问题和教育问题等。人们在这些方面都会有所思考，心中也有相关的疑问。如果在文案中能给这类人群提供一个比较巧妙的解决方案，那么他们肯定会喜欢这个文案。当然，帮助是相互的，文案帮助消费者解决了面临的难题，消费者自然也就会主动关注文案中所推销的产品和服务，甚至产生购买行为。例如，文案"决定留在这个城市"，温馨亲切，打动人心，将楼盘的销售与普通人最关心的住房问题联系起来，容易吸引消费者的注意，其文案内容为如下。

是时候选择留下来了。在很久的漂泊和疲惫之后，开始欣赏这里的繁华生活与经商活力，欣赏熟悉的生意伙伴和生活氛围，欣赏这里每天的进步、每天的完善，欣赏这个城市的质朴、勤劳与和善。所以，选择××楼盘，选择不再犹豫。

4．进行逆向思维

逆向思维就是把事情颠倒过来，从相反的方向或角度去思考问题、提出解决办法的一种思路。使用逆向思维创作文案正好区别于使用正向思维，逆向思维要求提出与众不同的诉求点，使文案标新立异、出奇制胜。图3-28所示的某饮料品牌文案就利用了逆向思维，以"对不起"表明自己的立场，以事实为依据，以情感为催泪弹，迅速扭转了因官司失败造成的负面影响，获得了消费者的同情和认同，"对不起"迅速成为各大新媒体平台中的热门话题。

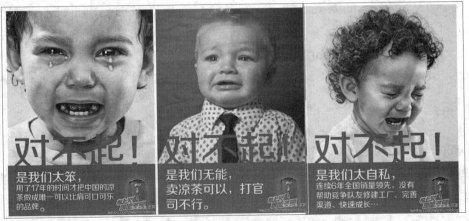

图 3-28　利用逆向思维创作的文案

逆向思维的文案，可以通过以下几个方面进行创作。

◆ **质量：**产品的质量体现了产品的特征，以及满足消费者需求的程度。正向思维的文案多数会尽情地展示产品的优点，容易让消费者对这种广告式的文案产生反感。如果利用逆向思维，将产品的"不足之处"巧妙相告，某种程度上会更容易博得消费者的好感和理解。

◆ **价格：**价格对消费者购买产品的影响其实是最大的，同类产品中，价格低的产品更容易被消费者接受。逆向思维就是针对不同消费水平的消费者，让他们享受到超出该消费水平的产品，例如打折、白菜价等就是这种思维。

◆ **特质：**特质是产品本身所特有的卖点，逆向思维则是在文案创作中发掘产品与众不同的特征和性质，推出与主流观点不同的概念，寻找新的卖点，这样就能在产品同质化严重的市场中获得有利地位。

◆ **性别和年龄阶段：**有很多产品是利用性别和年龄阶段进行消费人群的划分的，但如果反其道而行之，可能会收到意外的效果。例如，女士化妆品使用男士作为代言人，一方面会让女性消费者感到好奇、与众不同，另一方面则可能由于粉丝经济从而带动销量。

👤 **专家点拨**

任何事情都有一个适用的范围和适当的度，诉求方式超出了一定的界限或者表现手法失误就会适得其反，不仅产生不了积极的效应，反而给产品销售带来负面的效果。如果在文案中随意运用逆向思维，消费者也很难相信文案宣传的效果，最终会削弱文案的可信度。

5．制造冲突吸引关注

在新媒体中随时都可以看到新闻和热点事件，消费者看多了会产生"审美疲劳"。而偶尔出现一些意外的冲突，会刺激消费者，引起一定的关注度。从另一方面来说，普通消费者的日常消费、生活和其他选择等，其实都是不停地解决冲突的过程，例如家庭和事业之间、爱情和金钱之间、上班和玩乐之间、美食和肥胖之间……这些都存在冲突，谁能替他们解决冲突，谁就能拥有消费者。例如著名的"今年过节不收礼，收礼还收脑××"文案，文案内容就是一个冲突，这个冲突的结果就是文案很容易被消费者接受，文案宣传的产品在销售上取得了巨大的成功，达到了文案宣传的目的。

6."真实"才能创作最好的文案

"真实"是指内容真实和情感真实，只有"真实"的内容才能注入情感，在"真实"基础上创作出来的文案才能打动消费者。撰写文案很多时候不是凭空想象的，而是源自生活的体验，如果对一件事没有自己的真情实感，仅仅是为了写而写，从网络搜索结果中复制过来一大堆东西，这样写出来的东西读起来会味同嚼蜡。

在这竞争激烈的社会，每个人的心中都有自己的"伊甸园"，心灵深处都有柔软的一面。好的文案都是能够触及消费者内心、引起共鸣的。对于普通消费者来说，情感上的触动可以克服其他任何障碍，促使销售的达成。对于文案创作来说，将真实的产品与情感通过文案联系起来，抓住消费者的内心，这样的文案才是好文案。

3.4.2 新媒体文案创作的"经济性"

文案有长短之分，它们各有自己的优势与缺点。但在新媒体时代，海量的信息和迅捷的传播速度，使人们更愿意阅读文字更少的文案。这就需要在创作文案的过程中，尽可能地精简文案的内容。

1.文案长度的决定因素

文案的重点不在于字数的多少，而在于它到底需要提供多少信息才能达到销售或宣传的目标。所以，文案的长度实际上取决于产品本身、目标受众、文案的目标、情感参与度4个要素。

◆**产品本身：**有些产品有自己值得强调的特色和功效，而另外一些产品的特色和功效则比较单一，加上行业、类型、定位和目标消费者的不同，最终造就了文案中宣传点的不同，文案的长短也就不同。例如，普通二锅头酒的文案内容就比较简单，其消费人群不会在意酿造方式、选料地点和沉淀时间等；而用来体现一定生活品质的葡萄酒，则需要好好展示这些元素，所以文案的长度也就不一样了。

◆**目标受众：**网络时代的人们已经越来越不习惯接收一大堆的文字信息，所以文案中的文字越来越"经济"，图却越做越精美。当然，如果对应的消费者对于文字比较感兴趣，那么就可以适当增加文案中文字的数量。

◆**文案的目标：**文案的首要目标就是吸引消费者的注意力，那么文案就没有必要提供完整的细节。文案应先用精练的语言打动消费者，然后采用其他方式详细介绍产品。

◆**情感参与度：**情感参与度是指消费者响应文案所表达的情感，并在随之产生的消费活动中投入的时间、努力以及思考的程度。

2.精简结构

统计数据表明，在互联网环境下，人们对一篇文案关注的时间平均不超过2秒。在这种情况下，文案要尽快吸引消费者的注意力，最关键的一点就是要简洁精练地传递产品信息，需要更"经济"的文案结构。

传统文案的结构包括标题、副标题、正文和口号4个部分，但在新媒体文案中，由于尺寸的限制和更好地展现的需求，文案通常只包含标题和描述两个部分（甚至多数文案只有标题或只有描述），其余信息如品牌名称、联系方式、引导语等均作为辅助文案出现。从重要性来看，标题和描述是文案中应予以突出的关键信息，尤其是标题，承担着吸引消费者注意力的重任；描述则负责详细介绍产品和服务信息，在消费者被标题吸引后，及时地给予具体信息支持，使广告真正打动消费者。而品牌名称、联系方式、引导语等均属于二级信息，消费者不会首先对这些信息产生兴趣，只有当其被标题或描述吸引时，才会进一步了解品牌名称和联系方式等。因此，在文案创作的过程中，这些二级信息一定不能喧宾夺主，当它们由于篇幅限制或其他原因与主文案内容发生冲突时，应该让位于主文案。

3．用简单的语言表现不简单的内容

一个好的文案并不需要语言华丽、设计炫美，很多经典的文案其实是很简单的，画面清爽干净，内容简约精彩。例如著名的甲壳虫汽车的文案"Think small"（想想小的好处），文案内容简单，在简约的设计元素中表达关键信息，一语中的，既能吸引消费者，又能产生一定销量。

用普通的语言将文案变得不普通，这才是文案创作所追求的极致效果。但在创作文案的时候，往往越是简单的语言其内涵越是不简单，因为它的出众必然经过了大量的资料研读、反复的策略思考，直至出现最佳的创意表达。对于文案编辑来说，创作出优秀的文案不仅仅需要创意、市场调查等，还需要深厚的文字功底。编辑应该沉下心来，多学习积累，多感受体会，多深入市场，多研究消费者心理，用最简单平常的语言，写出最打动人心的文案，这才能带给消费者触动，从而促成消费行为。

4．多用短句

用短句子写出的文案字少，但意思简单清晰，也很有感染力。文案具有口语化的特征会更好，因为文案的意图就是让消费者记住，并不由自主地口口相传。例如，图3-29所示的某房地产文案，内容很简单，只有两句短语，但道出了背井离乡打拼的人的心酸，也浓缩了其内心的希望——即在实现青春价值的同时，拥有自己的家。这就是短句的力量。

图3-29　使用短句的文案

5. 把故事浓缩成段子

"段子"本是一个相声术语，指的是相声作品中一节或一段艺术内容。而随着人们对"段子"一词的频繁使用，其内涵也悄悄地发生了变化，人们给段子融入了一些独特的内涵，现在该词除了有原来的意思外，还是各种短文的俗称。段子是浓缩的故事；将故事最重要的内容保留下来，然后进行加工，就得到一个段子。段子的创作很困难，需要文案编辑有一定的生活阅历和工作经验。图3-30所示为某文化传播企业的品牌宣传文案，通过对城市中多个场景的下雪天气的描述，唤起了受众对生活的城市、自己的家乡、现实的生活等一系列的温暖回忆。一个场景一个段子，连接起了城市、家乡、生活和人生。该文案在朋友圈一经推出，48小时内获得超450万的浏览量，获得了极好的宣传效果。

图 3-30 使用段子的文案

3.5 » 知识拓展——新媒体文案卖点总结

对于新媒体编辑来说，创作的文案中绝大多数是产品销售文案或品牌宣传文案，而这些文案中约20%能为产品或品牌带来约80%的销量，这约20%的文案靠一个核心卖点就能实现突围，一个卖点足以成就一个品牌。下面就介绍一下文案中最常见的卖点。

- ◆ **一见倾心的外观**：产品最直观的卖点就是外观，外观是对产品自身最显著的表达，也是客户第一印象最直接的来源。如果一个产品从诞生之初就有一个与众不同的外观设计，那么这个产品就很容易被消费者关注，例如"××制药——好喝的钙，蓝瓶的钙""×燕——一种新概念燕窝"等。

- ◆ **璞玉浑金的材质**：材质即卖点，但并不是说材质本身就是一个很好的卖点，而是要对这个材质做充分的包装，把材质变成自己的独家核心材质，把它变成自己的超级卖点，例如"×××——锡林郭勒大草原散养的有机羊肉""×××——草莓红丝绒奶茶"等。

- ◆ **匠心独具的工艺**：工艺本身是一种比较虚的卖点，无法为消费者和竞争对手所知，所以就很容易打造成核心卖点。在工匠精神盛行的今天，很多人更加强调精品，而产品要做精必须有好的工艺作为支撑，所以工艺就能成为一个比较好的卖点，例如"××花生油——5S压榨工艺""××茶——大师作"等。

◆ **人无我有、人有我精的功能：** 功能型卖点是最能被消费者所认同的卖点，但现在同质或功能相近的产品很多，只有找到新的功能才能成为一个超级卖点。而在无法找到新功能时，则可以突出某项功能，把它做到极致，例如"××——音乐手机""××——可折叠安全座椅"等。

◆ **转瞬即逝的时间：** 花费较长时间成就的产品最为珍贵，时间能代表产品的来源、状态和特性，所以时间也是策划卖点极好的来源。例如"××——充电5分钟，通话两小时""××酱油——晒足180天"等。

◆ **千真万确的数字：** 数字能非常直观地表现出产品的卖点，因为数字可以让人在不经过思考的情况下就记住，而且很容易传播，例如"××空调——一晚1度电""AI美颜——226个骨骼打点，3D瘦脸"等。

◆ **广袤富饶的地域：** 地域的含义包括地点、地名、地形地貌、地域气候、地域文化、地域特质等多种因素。因为地域具有不可移动和不可复制的唯一性，向来都是表现产品出身的最好卖点，是策划独家卖点的极佳套路，例如"××岛大米——不是所有的大米都叫岛米""××谷冰酒——北纬41度的滋味"等。

◆ **形形色色的人群：** 不同的人群对产品有不同的需求。对人群可以根据年龄阶段、性别、工作和社会地位等进行细分，为特定人群研发特定的产品，把特定的人群当作特殊的卖点，例如"看病人，用××""足××——专为老年人设计的鞋"等。

◆ **行业权威的专家：** "优秀的人推荐的产品必定优秀，专业权威人士制作的产品必定更专业"，这种思想在消费者心中是根深蒂固的，消费者更容易相信专家的引导，这些人的观点就是卖点，例如"××牛腩——由专家做出来的牛腩贵族""××华——由医学专家+光学专家联合研发的润眼灯"等。

◆ **精心炮制的理念：** 每一个产品都可以从不同的角度来树立新理念，每一个理念都是一个消费决策级卖点。最好的决策理念是建立在客户固有的决策经验基础之上的，越是借用客户已有的消费理念越能快速获得客户认同，如"××鱼——1∶1∶1科学比例的调和油"等。

◆ **独特稀缺的概念：** 概念是所有卖点中最稀缺、最独特的一种，并具有不可复制性。概念性的卖点往往能直接带来经济效益，只要拥有了新概念的卖点，产品就自然而然地在消费者心中产生一种巨大的吸引力，例如"××——一台会自己洗澡的油烟机""××——一款新概念的肥皂"等。

◆ **难以割舍的情怀：** 情怀是一种高尚的情绪，其最大的竞争力就是高尚。情怀被很多品牌或产品当作卖点，因为情怀是所有消费者无法割舍的情绪和精神，让消费者不是在消费一件产品，而是与一种高尚的精神、品格和价值观在交流，例如"××银行——世界再大，大不过一盘番茄炒蛋""××白——想对你说的话，都在酒里"等。

第4章

文案编辑

在了解了新媒体文案创作的方法和技巧后，就需要根据要求进行文案的编辑工作。文案编辑的工作通常包含选择主题、设计标题和打造内容3个基本步骤。另外，文案编辑还需要对文案的排版、色彩、图片和文字等进行编辑，增强文案的视觉冲击力。行内通常把阅读量超过10万的文案称为爆款文案。只要遵循文案编辑的基本步骤，多加练习，你就有可能写出爆款文案。接下来，本章就将详细讲解文案编辑工作的基本内容。

4.1 » 选择新媒体文案的主题

文案是有结构的，支撑这个结构的重点就是主题。一个正确的主题就是一篇文案的导向，会为文案编辑带来丰富的素材和极大的商业机会，而且也能使文案编辑创作出符合产品定位的文案内容。主题的选择是否恰当直接影响新媒体文案的质量，关系到文案的商业价值，直接关系着产品或企业的成败，因此它是文案编辑中最重要的一个环节。

4.1.1 了解选题的思路

一切社会活动都是有规律的，人们可以根据规律来研究某个活动的整个过程。同样的道理可以运用到新媒体文案的选题中，编辑了解了选题的步骤和思路，就能高效地选择主题。可以通过以下4个步骤来进行新媒体文案的主题选择工作。

◆**关注**：编辑需要持续关注社会问题、流行文化和近期热点。图4-1所示的某甜品品牌文案就是一篇通过关注流行的美食文化编辑而成的文案，它将情怀注入甜品中，让很多人在品尝时，都能够从中找到引起自己共鸣的部分，让观众转发或者产生购买的冲动。

图 4-1　关注流行美食文化的某甜品品牌文案

◆**筛选**：要从关注的所有内容中筛选出真正有新意、有冲突、有趣或者有话题性的部分，作为备选主题。

◆**梳理**：在经过关注和筛选两个素材积累的阶段后，需要为备选主题找到一个正确清晰的切入角度。

◆**提炼**：明确了切入角度之后，需要通过过硬的文字功底和文案技巧，去提炼观点、突出卖点，将主题清晰地呈现出来。

4.1.2 筛选和梳理文案选题

筛选和梳理是文案选题过程中非常重要的两个步骤。在实际进行选题的过程中，编辑可以从内容出发归纳选题角度，并使用金字塔图梳理选题的逻辑。

1．从内容出发归纳选题角度

如果把文案比喻成一个人，那么内容就是文案的"血肉"，主题就是文案的"灵魂"，灵魂依附在血肉之中，选题也需要从内容的角度来进行归纳。

（1）选题应该与日常生活关联

日常生活是产品、文案与受众相互联系的纽带，也是创意和文案的最佳"产地"。真实的生活感受永远是带动人情绪的好文案。很多好文案是从生活中"提炼"出来的，很多因为对生活的感悟而随手创作的句子，往往更容易引起身边人的关注和回应。

也就是说，人们对自己身边的事情和与自己生活关联度高的内容往往会给予更多的关注，而且非常愿意去讨论或分享。编辑在做选题时如果有意识地去运用这个规律，那么文案内容成为爆款的概率就会增加。例如"北上广"这个主题就经常被应用在各种类型的文案中，电视剧宣传文案的内容是表现年轻人在梦想和家人的支撑下在北上广进行打拼和奋斗，房地产营销文案则是表现"家的力量"和"回家的温暖"，酒类宣传文案则表现出远离家乡的背后是一个人在北上广的孤单和寂寞，如图4-2所示。

图4-2 与日常生活关联的北上广主题文案

（2）选题应该与受众人群关联

选题与受众人群相关联涉及上一章中介绍过的对受众人群的分析，相同的人群往往有一些固定的话题，这些话题很容易触动他们的敏感神经。例如，房价、升职、马拉松和健身等这些话题的讨论非常容易引起上班族群体的关注和传播；学生群体则一般对情感、运动和游戏这些主题会很感兴趣，就业、求职、食堂、考试等也是其关注焦点；妈妈群体一般会关注海淘、代购、辅食、幼教这种话题。如果文案内容涉及这些方面，有相应的关键词，会更容易提醒这些特定目标人群去关注，如图4-3所示。

图 4-3　与学生人群关联的高考主题文案

（3）选题应该与热点事件关联

利用热点事件进行文案创作在上一章中已经介绍过，在做选题时，筛选热点事件有3点需要注意。

◆**反应快**：要第一时间利用热点事件进行文案的关联创作和编辑。

◆**挖掘话题**：选择的热点事件能进行话题延伸，给予受众一些新的信息，这样文案才能刺激受众进行转发和传播，凸显品牌或产品的价值。

◆**与品牌或产品相关联**：选择的热点事件具备和文案推广的品牌或产品相关联的因素，这样才能达到宣传或推广的效果。

图4-4所示为以中秋节热点为主题创作和编辑的文案，每一篇文案都根据自己品牌的特点进行了关联和延伸。

图 4-4　以中秋热点为主题的文案

2．梳理选题的逻辑

在选择了文案的主题之后，就可以利用金字塔图的方式梳理选题的逻辑，然后进行文案内容的创作和编辑。在利用金字塔图梳理选题逻辑时，需要注意以下3点。

◆把选题尽可能地展现在受众面前，突出其重要性。

◆尽可能多找理由来支撑选题，并尽量对每个理由进行详细的说明。

◆将选题、理由以及说明利用金字塔图罗列出来。

图4-5所示为利用金字塔图简单梳理的高考主题的逻辑关键词，利用这些关键词即可创作出同一主题不同内容的文案。

图 4-5　高考主题的逻辑关键词

4.1.3　爆款文案的选题技巧

并不是只要按照前面介绍的思路和方法进行选题，就能创作出爆款文案，前面介绍的只是归纳选题的角度。下面介绍一些进行选题的技巧，可帮助编辑打造爆款文案，以成功吸引受众关注，达到事半功倍的效果。

1．找到并研究热门文章

很多新媒体平台会提供各种排行榜，显示实时的数据，例如权重得分、预估"活粉"、热门文章、阅读统计和点赞统计等。编辑可以根据这些数据找到阅读和分享数量较多的历史文章，研究其整体的风格，是"文艺范"，是"段子手"，还是"呆萌风"……再根据数据统计哪种风格的阅读量和转发量较高，集中整理出来研究，为选题找好方向。

2．通过数据分析了解受众的需求

利用网络问答新媒体平台汇总受众的常见问题，找到受众最直接的痛点，根据这个痛点进行选题。例如通过百度指数搜索"文案"这一关键词，就可以通过需求图谱、舆情洞察推测出受众对该主题中的哪些内容感兴趣，如图4-6所示。

另外，也可以通过与受众直接联系的方式了解受众的需求，例如通过公众号中每篇文章的评论留言，就能判断留言受众的活跃度和口碑，然后与活跃度、口碑较高的受众聊天，询问他们对于文章的喜好、对内容的建议，以便更真实全面地了解受众需求。

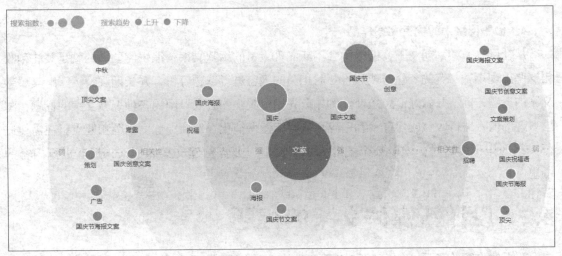

图 4-6　文案的需求图谱

3．利用一切手段搜索热点

新闻热点具有足够大的曝光量，网络热点则会带来足够大的搜索基数，这就意味着更多的流量和注意力。如果将热点作为选题进行文案创作和编辑，就可能将流量和注意力转化为提升品牌知名度的重要推力。所以，一名新媒体编辑随时都需要了解世界上正在发生的重要事件，并利用一切手段来第一时间获取热点资讯，例如利用百度搜索风云榜来搜索实时热点、今日热点、风云时讯，以及娱乐和人物等各类网络热点，如图4-7所示。

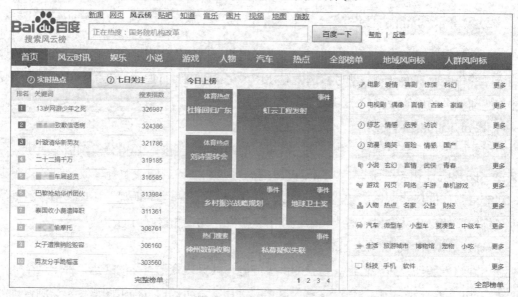

图 4-7　百度搜索风云榜

专家点拨

很多新媒体平台都有自己的热点数据统计，例如新浪的新闻排行、点击量排行、评论数排行、分享数排行；微博的实时热搜榜、好友热搜榜、综合热搜榜；热门微博、微话题、话题榜等。通过这些渠道可以获取热点，并进行文案的创作和编辑。

4．借鉴网络中的优秀文案作品

从社区、微博到朋友圈，网络中会不断涌现大量的爆款文案，编辑需要做的就是关注和收集这些出现爆款文案的公众号或账号，对相关的内容进行选题分析，并长期观察，了解其爆款文案的选题方向，并做好汇总统计。例如首先浏览关注的公众号中的各种爆款文案的标题，将感兴趣的内容进行收藏或保存，利用碎片化时间慢慢消化，然后提炼出主题和要点。在需要进行文案创作和编辑时，就以某个主题为中心，通过要点构建文案的框架，最后进行内容的输出。

4.2 » 设计新媒体文案的标题

新媒体文案给予受众的第一印象可能就是该文案能否成为爆款的关键。这个第一印象包括受众看到的第一个影像、读到的第一句话或听到的第一个声音。假如文案提供了新信息或有用的信息，或承诺看完后会给受众带来好处，那么这个第一印象就可能赢得注意力，这是吸引受众转发文案或者购买产品的第一步。而这个第一印象，更多的是来自文案的标题。

不同对象的第一印象侧重点各不相同，具体包括以下一些内容。

◆ **平面广告：** 第一印象取决于标题和视觉设计。

◆ **微信公众号：** 第一印象取决于标题、首图缩略图及摘要。

◆ **宣传手册：** 第一印象取决于封面和标题。

◆ **电台或电视广告：** 第一印象取决于播出的前几秒钟。

◆ **电子邮件：** 第一印象取决于寄件人名称和邮件标题。

4.2.1 确立正确的文案标题创作规则

标题是文案的核心要素之一，一个好的标题能够瞬间为文案定下基调，渲染感情，挑起受众的阅读欲望，并帮助文案提升点击率。为了获得点击率，很多新媒体编辑将文案创作的主要精力用在了标题上，这不可避免地造成了"标题党"泛滥、文案内容质量低下的问题，在很大程度上降低了受众的信任度，甚至让受众产生点击阴影。所以，在设计文案标题的过程中，编辑不但要避开"标题党"的误区，还需要确立正确的创作规则。

1．新媒体文案标题的创作规则

新媒体文案的标题应该做到让有价值的信息无阻碍地传播，所以，每一个新媒体编辑在创作文案标题时，都应该遵守一些基本原则，树立明确的价值观。

（1）基本规则——真实

文案标题的基本规则就是真实，这也符合新媒体文案的特点和新媒体编辑职业道德的要求。真实是指标题与文案内容完全一致，只有真实才能得到受众的信任。

（2）表现规则——通俗易懂

在尊重事实的基础上，一定要追求更加通俗易懂的表达方式，尽可能地降低受众的阅读门槛、促成受众的点击决策。可能不同的新媒体有不同的定位，有的追求高雅经典，有的追求品质格调，有的追求商业利益……但对于普通受众来说，雅俗共赏，既有品质又平易近人才是最容易接受的。创作标题就是这样，要先让受众容易接受；受众只有接受了标题，才会进一步查看并接受文案的内容。

（3）内容规则——精准的信息量

信息量是指标题中体现主题和内容的词汇，通常包括标签（职位、名称、称号等）、矛盾冲突点和数据等。编辑通过从内容中提炼出能够表现主题内容的信息量，将其组合成为标题，给予受众最直观的感受，引起受众点击的兴趣。例如《两个人，××烧饼店，如何做到月入十万？》这个标题里的信息量、矛盾冲突点、标签的应用都很到位。

（4）创作规则——有温度的情感

情感的存在使人类的生活丰富多彩，在这个网络虚拟化的时代，真实温暖的情感才能给予人们心灵的触动。统计数据显示，情感类文案在网络中的传播率大大高于其他类型，好的标题如果能突出情感，将主题用合理的感情表达出来，只要能带给受众一丝温暖，就很容易得到关注和转发。

2. 新媒体文案标题的创作误区

在设计新媒体文案标题时，主要有以下几种不当之处。

◆ **标题党：** 标题党就是通过各种手段来吸引受众的注意，以达到提高点击率的目的。标题党有两种类型，一种具有很强的幽默性和娱乐性，是通过标题达到善意搞笑的目的；另一种则具有一定的危害性，是通过标题达到增加访问量和点击率的目的。这样的标题与文案内容完全不符，既浪费了受众的时间、欺骗了受众的感情，又使受众因为受骗而错过真正有价值的信息。

◆ **标新立异：** 标新立异是指编辑为了提升点击率，故意在标题中表现得与众不同或者用与往常不同的表达方式来吸引受众，例如使用生僻词、专业性很强的词汇，以及内涵丰富的文学密集型词句等。

◆ **重复冗长：** 文案内容都需要精练，标题更不能重复冗长。否则不但不能吸引受众的注意，还会导致其反感和抵触心理。

◆ **过度剧透：** 标题的作用是从不同的侧面体现作者的写作意图、文章的主旨及核心。如果在标题里把文案中的所有内容都呈现给了受众，受众已经接收了完整的信息，就不会点击查看了。

4.2.2 写好新媒体文案标题的常用方法

无论文案内容多有说服力、产品有多精良、品牌有多著名，如果无法吸引受众的注意力，那么文案就无法成功。能够赢得注意力的标题是成为爆款文案的关键因素。作为一名新媒体编辑，写好文案标题通常有以下一些常用的方法。

1. 明确受众想要的结果

受众在阅读文案标题时，最大的期许和疑问就是文案内容最终能带来什么样的好处，也就是文案中的产品或品牌能给予受众什么样的结果。所以，编辑设计的文案标题需要把受众所期许的那个结果提前告知。也可以这样理解：文案的终极目标并不是销售产品或宣传品牌，而是满足受众的需要；只要文案能满足受众想要的结果，就能吸引关注并产生流量。例如，消费者购买美白面膜的目的是为了让自己的面部皮肤变得白皙，"美白"才是消费者的需要，美白面膜只是帮助消费者实现这个结果的桥梁，所以，美白面膜的营销文案就需要以"美白"作为标题的主要内容。图4-8所示的丝袜文案，在标题上明确展示消费者可以获得的效果——丝袜防勾丝、防脱丝，连菠萝都可以装。如果消费者需要这种效果的丝袜，就可能会点击查看详细内容，并容易产生购买行为。

图 4-8   在标题中明确受众所需

编辑在设计文案标题的时候，最有效的标题写作方式就是直接向受众承诺购买商品的利益，或者直接说明某品牌或服务的好处，以及介绍如何解决某种问题等。直截了当，直奔主题，毫不拖泥带水。这种写作方法通常围绕产品本身的功能或特性来展开，同时结合消费者情况，以引起消费者共鸣。

专家点拨

> 结果型标题可以参考一个公式进行写作：怎么做＋可以得到什么好处。例如"鲜为人知的秘密祛痘武器×××，三天祛痘不留痕""如何通过×××获得最新鲜的水果"等。在标题中明确给出受众实际能得到的好处，更能吸引受众的注意力。

2．在标题中体现"卖点"

文案的标题通常就是搜索的关键词，如果设置错误，受众就找不到文案所推广的产品或品牌。毫无疑问，卖点就相当于亮点，也就是产品特色。若是能在标题中突出卖点，就能够让人第一眼就留下深刻的印象，这也就是为什么要重点强调标题的"卖点"。

很多产品通常是靠一个核心卖点成为爆款的，甚至有时候一个卖点就足以成就一个品牌，所以，编辑能否在文案中寻找到恰当的卖点，是产品畅销、建立品牌的重要因素。而作为受众最先接触的文案标题，如果其中设有卖点就会产生更好的效果。

【典型标题中有卖点的产品】

老板油烟机的产品标题中通常有"大吸力"这个核心卖点。

沃尔沃汽车和公牛插座的产品标题中通常有"产品安全"这个核心卖点。

纯甄酸牛奶和柚子舍护肤品的产品标题中通常有"无添加"这个核心卖点。

海飞丝洗发水的产品标题中通常有"去屑"这个核心卖点。

一般的洗发水的产品标题中通常有"无硅油"这个核心卖点。

OPPO手机的产品标题中通常有"闪充"这个核心卖点。

立白洗衣液的产品标题中通常有"不伤手"这个核心卖点。

3. 打开受众的"好奇心缺口"

人人都有好奇心，会对自己不了解、不认识的事物进行探究。标题最能引起受众好奇心的原因是"短"，它在很多时候不能完全描述事情或事物，让人无法窥其全貌。而人们一旦对事情产生好奇心后，就想知道答案，或许答案只是一则20页文案中第9页中间的一句话。

这类标题被称为悬念式标题，是指在标题中设置一个悬念，诱发受众追根究底的心理，使其从而跟着思路走下去。这是利用好奇心来引发受众的兴趣，通常会出现在产品或品牌的推广或营销文案中。这类标题在创作时就要注意以下几点技巧。

◆ **悬念的设置：**要将事实与悬念的线索融会贯通，即标题要明确，并能展现事件的主体。

◆ **标题内容要新：**悬念式标题展示的内容一定要是新近发生的。

◆ **标题要简明：**悬念的设置要含蓄、简明而单一，不要使用太过暴露的话来提示读者，也不能隐藏得太深，故弄玄虚。

图4-9所示为某品牌的产品宣传海报，其标题就是"看世界"，文案内容为让大家去看看世界。但为什么要看世界？怎么看世界？和品牌有什么关系？到底要宣传什么产品？这些都没有说明，这就引起了消费者的好奇心。消费者如果想要知道这些答案，就会查看相关内容。

图4-9　通过标题引起受众的好奇

4. 出乎意料，令人惊讶

如何才能吸引受众注意到文案宣传的产品或品牌？如何在叙述过程中维持受众的兴趣？这就必须打破受众的期待，出乎意料，令人惊讶。一旦编辑在标题上实现这一点，就会为文案带来极大的关注量。例如，"一袋爆米花对身体的危害程度相当于摄入一整天的油腻食物"这样的标题就可以出奇制胜，利用受众的惊讶来提升关注度和点击率。出乎意料式的标题通常只能带来短时间的关注提升，如果要获得持久的关注，就需要激发受众的兴趣和好奇，进一步对标题进行说明，例如，"×××爆米花是一种不含油脂的健康爆米花！"

在文案标题中制造惊讶有以下几种方法。

◆ **逆向思维：** 例如，"×××汤圆，不好吃的我们不卖。"

◆ **打破常规语言形式：** 例如，"情人节到了，给×××项链买一个老婆吧。"

◆ **故意设置迷雾：** 例如，"24小时后，本产品停止销售。"

◆ **反用俗语，打破人们的惯常思维和心理预期：** 例如，"×××皮鞋，舒服得让你天天向下。"

图4-10所示为某品牌的宣传文案，标题就是"要做就做出头鸟"，这就和俗语所说的"枪打出头鸟"的意思完全相反，出乎了受众的意料。其实这篇文案宣扬的是不怕做"出头鸟"，勇于争先的精神，这种精神正好与该品牌"勇于做自己"的品牌内涵一致，在吸引消费者的同时，还能引发受众的共鸣。

图 4-10　出人意料的文案标题

5．在标题中显示特定的标签

标签可以看成约定俗成的用来表示某种意义的符号或标记。其形式简单，种类繁多，用途广泛，具有很强的艺术魅力。文案标题中使用标签通常是为了吸引受众的注意力，促进产品销量和品牌推广。特别的标签不仅能够获得受众的好感，还能在文案传播的时候，让受众更容易记忆。

使用标签的文案标题公式通常为：事情/产品/品牌+标签。

通常在事情/产品/品牌和标签之间有足够受众想象的空间，这样才能出人意料，达到标题宣传的目的。例如以下两个标题。

◆飓风湖畔人家国际社区，五环路飞燕立交桥东一千米。

◆飓风湖畔人家国际社区，深林湖湿地公园西一千米。

两个标题都出自同一个楼盘的宣传文案，不同之处是地理位置的标签，前一则标题利用环城路和立交桥作为标签，突出显示交通便利；后一则利用湿地公园作为标签，突出显示家居环境的优势。两个标题都选取了具有特定标志的标签，方式不同，但都能够起到很好的传播效果。

6．利用提问加强与受众的联系

提问式标题以提问为主，即通过提出问题来引起受众的注意，进而提高关注度，并引导受众在浏览过程中产生思考和共鸣，达到文案推广的目的。提问式标题可以是反问、设问，也可以是疑问，甚至有时可以用明知故问的方式来表达文案的主题。

对于这种标题，提问才是关键。这种标题往往更具有沟通能力，因为是直接对受众提出了问题，相当于直接和受众对话。而人们在面对提问时，通常会不自觉地开始思考。当然，提问也要讲究方法，提问式标题的打造，不是为了问而问，而是必须有问才问，否则就变成了形式主义，画蛇添足，反而起不到应有的作用。一个好的提问式标题应具备以下3个特点。

◆主题明确，观点突出，思想性强。

◆简洁明了，直入主题，直击要害。

◆能给读者带来思考，引起读者共鸣。

【典型提问式标题】

当一个员工生病时，你的公司要多久才能复原？

即便独自在家，你是否有关好浴室门的习惯？

你做PPT时有如下苦恼吗？

4.2.3　爆款文案标题设计技巧示例

作为一名新媒体编辑，设计文案标题并不需要天赋，需要的是多写。如果写出了100个备选标题，那么这里面出现爆款标题的概率就非常大，这个道理跟广泛撒网、重点打捞是一样的。下面就展示一些爆款文案的标题设计示例，文案编辑可以根据这些示例进行模仿。

【在标题里提出疑问】

×××驱蚊液的效果能持续多久?

【使用"如何……"句型】

如何发邮件请求帮助,并获得超高回复率?

【结合时事】

先挣它1个亿,跟王健林学定人生目标不完全指南。

【创造新名词】

分子美容新产品,×××美白面膜。

【引述见证】

超过18 000份体验礼盒试用反馈报告证明,我们的产品至今没有产生过敏刺激等不良反应!

【传递新消息,并且运用"新推出""引进"或"宣布"这类词汇】

各大传统化妆品巨头宣布进军微商圈!×××推出微商子品牌!

【给受众建议,告诉受众应该采取哪些行动】

收藏并转发到朋友圈,你会获得×××1个月的使用权。

【引入地区性的特征】

图4-11所示的白酒文案,其标题就使用了地区方言作为标题,不仅能吸引该地区的受众,还能吸引其他地区受众的关注。

图4-11 文案中的方言标题

【利用数字与数据】

小魔盒创始人曾辉口述:我把一款专业线传统美容产品做到3 000万元的秘密!

【动词+所得利益】

学会这些标题设计技巧,你就可以在媒体圈混了!

【强调你能提供的服务】

即日起，我们的新款袜子提供微信预购，就如同订杂志一样简单。

【讲故事，描述一段过程】

我坐在计算机前时，他们还在群里讨论今晚的培训课程，然而当我开始回忆……

【提出推荐性的意见】

夏天就必须关注的彩妆品牌。

【说明好处】

从困难变容易，×××电动吸尘器，轻松清理家庭垃圾。

【做比较】

只需要支付×××一半的价格，就能够解决您的皮肤粗糙、干燥、暗黄等问题。

【用能够让受众脑中浮现画面的词汇】

未洗净的果皮表面会为您的身体健康"投下剧毒"。

【直接点出服务内容】

O2O吸粉Wi-Fi路由神器，所有经销商都免费赠送。

【名人效应】

米兰达·可儿最喜欢的口红，不是你想的那一支！

【承诺要公开秘密】

走近"传说中"月销10万件的"纯棉T恤"。

【具体说明】

在时速96千米的驰骋下，劳斯莱斯的最大噪声来自电子钟。

【锁定特定类型受众】

时尚美少女的必"败"神器。

【加入时间元素】

×××面膜，半小时也能做美容。

【强调省钱、折扣或价值】

价值1 666元的全新×××手机体验礼盒，现在只需要0.1元就可以得到！

【提供能够取代竞争对手产品及服务的其他选择】

没地方存货？没时间发货给自己的客户？没事，工厂帮你直接发货！

【向受众传递简单易学的速成信息】

7步教你玩转标题设计！

【提出一项挑战】

你的手机经得起热量测试吗？

【强调有保证】

　　我们承诺：保证我们的产品1年不出任何问题，否则退费。

【名列价格】

　　一整箱"味道工坊"牛肉干，只需要99元！

【看似矛盾的说法】

　　×××食品，绝对不含防腐剂，但可以3个月不变质。

【提供受众无法在其他地方得到的独家好处】

　　鲜为人知的烹饪秘密武器，让您轻松制作舌尖上的美食。

【赋予珍贵资源被受众独家抢占到的感觉】

　　独家！世界五百强员工薪资探秘！

【提出受众关心的事】

　　为什么大部分网上买的衣服便宜但不耐穿？我们提供突破之道。

【不妨用"听起来难以置信……"句型】

　　听起来难以置信，我们刚上市的新产品，不久的将来可能将改变整个行业的格局。

【带给受众希望和未来】

　　让您年轻20岁！

【运用"为什么""原因""理由"来写标题】

　　制作公司在拍摄重要的电视广告时，偏好采用Unilus Strobe牌灯光设备的7大理由。

【汇总整理归类】

　　【盘点】重磅推荐！来自2018年度最受欢迎的×××产品榜单。

【强调买就送】

　　免费送给您——现在订购，就送价值888元的免费好礼。

4.3 » 打造新媒体文案的内容

　　新媒体文案不仅需要吸引受众关注，还需要受众进行广泛的传播。标题的重要作用只体现在垂直方向的首次曝光，传播效果的好坏，最终还是取决于内容。如果内容有足够的传播能力，便能依靠受众的人际传播点燃引爆点。下面就分别介绍新媒体文案的正文、开头和结尾对应的编辑方法和技巧。需要注意的是，好的内容和有传播力的内容是不同的，能够引起受众广泛传播的内容，价值未必一定高于某些无人问津的作品。

4.3.1 新媒体文案正文的写作技巧

　　文案的写作目的是要用"最容易理解的方式"来传达主题，实现推广或营销。在通过了标题、导语和摘要等的吸引和引导后,文案的正文需要对主题进行详细的描述。描述的方式有很多种,技巧也有所不同。

1. 简单直接地向受众传递主题信息

这是一个快速消费的时代,修饰过度的页面、拐弯抹角的文案,会大量消磨受众领悟其中信息的耐心。简单直接才符合受众的浏览习惯,才是编辑正文写作的重要法则。

这一点对于产品营销文案特别重要,因为这类文案大部分是与产品或品牌的详情相结合的。通常情况下,受众需要靠文案去了解产品的信息,但耐心有限;如果文案表达不清晰,受众在了解产品的时候需要花费很多时间去猜测文案中表达的意思,消耗的时间会使受众丧失购买的冲动,从而导致丢失潜在用户。所以文案对产品表述得越是简洁有力,受众对产品越容易产生深刻印象。

图4-12所示是某矿泉水品牌的营销文案,其文案内容用非常简洁的语言,直接将产品的特点和优势展示给受众,即产品都来自优质的自然水源。文案内容简单易懂,能加强受众对于产品的信任,引起共鸣,促使其产生购买欲望。

图 4-12 简单直接的文案内容

2. 制造悬念来吸引受众

悬念式的文案是借助悬念引爆关注,使市场利益达到最大。编辑在创作文案内容时,可以提炼一到两个核心、神秘的卖点,根据进度慢慢展开。简单来说,悬念是从设疑到推疑再到解疑的构思过程,制造悬念就是要学会"卖关子"。

对于文案内容的悬念设置,主要分为3个步骤。

◆**步骤1,设疑:** 设置疑点,吸引受众关注,切记不要过早点明结局。

◆**步骤2,推疑:** 充分重视受众的感受,并根据受众的期待和建议发展情节。其目的是充分发挥受众的主观能动性,从而提高受众对文案主题的关注度。

◆**步骤3,解疑:** 不断深化冲突,在将内容的悬疑推向最高潮时揭示真相。

例如,著名的可口可乐的宣传文案,先设置了可乐秘密配方的疑点,甚至指出该配方是一张被锁在某地下金库的纸条,钥匙由3个人保管并且这3个人不能同坐一架飞机;然后从各种方面推导这个秘密,甚至有员工为了获得这个配方被FBI送进了联邦监狱;最后可口可乐公司解释根本不存在配方。从设疑到推疑再到解疑的策划过程，将整个悬念故事情节做了巧妙的推演，直至达到情节的最高潮时解密，既大力宣传了品牌，也极大促进了产品的销量。

3.给予好处来利诱受众

这种方式也是营销文案中最常用的，即直接在文案正文注明促销的内容，给予受众各种最低的促销让利，以利诱刺激受众在最短时间内产生消费活动，从而提升产品或相关产品的整体销量。图4-13所示的某小食品品牌的"双十二"促销文案，直接在文案正文中注明了优惠活动的各项条款和时间，非常方便受众进行购买。

图 4-13 标注好处的文案内容

4.利用感情来打动受众

"言有尽而意无穷"是古诗词能达到的语言描述的最高境界。编辑在创作文案内容时，要尽可能地精练语言，抓住受众的内心需求，才能达到最好的营销效果。所以，创作文案的正文，最重要的就是用心，这样即便是简单的遣词造句，也能直击受众的内心，并产生共鸣。

内容富有感情，应该具备以下3个写作的原则。

◆**原则1：**每一个词语都蕴含情感，词语的简单组合就能讲述一个故事。在打动受众的时候，逻辑反而不太有用。一个词组、句子、段落，逻辑上未必完全正确，但只要能传递富有感染力的信息，就能体现出应有的作用，而且比那些注重理性诉求的信息更能让人接受。

◆**原则2：**每一篇好的文案都是词语、感受和印象的情感流露。中文的词语一般都能直接体现它给人们的感受。例如，农民给大家的印象就是勤劳、淳朴；学者给大家的印象就是知识渊博、素养高。文案写作时需要分析所运用的词语，判断能否创造出富有感染力的信息，会给受众留下什么样的印象。掌握了词语的情感要素，就掌握了文案写作中一项重要的技能。

◆**原则3：**以情感来销售商品，以理性来诠释购买。人们往往因情感而购买商品，又因逻辑而使购买行为显得合理化。所以，文案负责打动人，而优质的文案可使受众的购买行为合理化。

【展现亲情的两则房产文案】

听说她不会教音乐、体育，也不会教美术。

老人从前也就当过一回家庭教师，

而且学生只有一个，

教的是勇敢和爱心，还有其他的品格。

这些都流进那个人的血液，跟随他一生。

今年，老人已经60岁了，

却要开始新的工作，再做一次家庭教师。

那个小孩跟上一个学生流着同样的血，

一个是她儿子，

一个是她孙子。

我是恋家的人，我的妻儿老小在深圳。

卓越*浅水湾，懂得敬老爱小的房子。

每年总有那么几天，

他变成了口齿极不伶俐的人。

推开家门，

本来攒了一年的话，面对父母，

都咽回肚子里。

没做到，不开口。

所以话很少，而且没有什么甜言蜜语。

虽然礼物每年都在翻新，

但是哽在喉头的话，

八九年，一直说不出来。

直到这一次买了双主卧的大房子，

"爸，妈，

来深圳，和我们一起住吧。

你们不过来，

我在深圳没有一个完整的家。"

我是恋家的人，我的妻儿老小在深圳。

卓越*浅水湾，懂得敬老爱小的房子。

5. 利用个性化来迎合受众

随着"90后"受众成为网络消费的主体人群，新媒体文案的写作应主要需针对这个群体的消费特点，例如移动互联（大部分的消费以移动互联网为媒介）、差异化（具有展现个性的消费需求）、宅生活（追求高度便捷的消费方式）、有内涵（有故事的产品才能抓住"90后"的心）等。

所以，在针对"90后"受众进行文案创作时，不但在产品、渠道和营销方面都需要转变以适应这个群体的消费需求，而且需要使用轻松、愉悦、押韵、对仗、双关、拟人、比喻等表现方式，增加文案的个性。图4-14所示为某汽车的广告文案，它一直在突出这个系列的汽车品牌的个性，因为这个系列的汽车主要针对的是时尚、独立和喜欢运动、经典的年轻人群。所以，该汽车文案总是向受众展示一副与众不同的样子，既有个性又不失经典。就像用各个地方的方言来唱RAP，显得既时尚又有个性，让人听过之后还觉得很有味道。

图 4-14　针对目标人群的个性化文案内容

6．通过幽默感解除受众的戒心

在这个信息爆炸的年代，人们每天都被迫接受大量劣质内容。新媒体编辑要通过文案获得关注，就需要确立一个正确的内容写作方式。诙谐幽默就是一种解除受众戒心的实现途径，幽默的文案内容更容易帮助编辑吸引受众的注意，并留住受众，让目标受众变成产品消费客户。图4-15所示为某款饮料的文案，其内容提倡年轻人要有进取心，对待挫折要学会诙谐、幽默和自嘲，会用冷幽默调剂疲惫的生活。该产品一上市就获得了大量的关注。

图 4-15　诙谐幽默的文案内容

4.3.2　新媒体文案开头的写作方法

新媒体文案的开头也有很重要的作用，开头通常奠定了整个文案的基调，精彩的开头不但能带给受众一种美的享受，甚至能震撼人心，迅速聚集受众的注意力。

1．引起好奇+创造共鸣

当受众被文案的标题吸引，需要进一步阅读文案内容时，开头就显得格外重要。如果开头能够引起受众的注意，那这个文案就成功了一半。编辑在进行文案开头的创作时，可以以产品或品牌为出发点进行陈述，从受众的利益出发，抓住其注意力，并引发其好奇心。

编辑创作文案开头的一种常用的方法，就是利用"引起好奇+创造共鸣"两个因素，例如下面几段文案的开头。

我昨天还不知道为什么他要放弃年薪20万的稳定工作，陪老婆在淘宝卖衣服，直到昨天晚上的一席谈话……

8年前，我开了第一家网店，现在，我在全国有36家加盟店，我需要的不仅仅是钱……

想起大学时看的《大话西游》，想起里面的经典台词，我只想说："如果上天再给我一次机会，我会选择为×××品牌做代理，这样我早成为千万富翁了！"……

吃快餐、挤地铁、玩手机、找便宜的出租房，这就是我们这种上班族的日常生活，难道这就是我们的命吗……

以上这几个文案开头的共同点都是"引起好奇+创造共鸣"。美国广告界的文案写作传奇人物——约瑟夫·休格曼对标题和文案开头的重要性做了以下的总结：文案标题的作用是让人阅读正文第一句话，文案第一句话的作用是让人阅读第二句话，后面的以此类推。对于编辑来说，要像创作标题那样去进行文案开头的写作，才能引起受众的好奇心，引发共鸣，引起共情，引导受众完成整个文案的阅读。

2．继续阐述标题的内容

有些文案的标题已经写得足够好，足够吸引受众，编辑就可以根据标题，在文案开头继续阐述标题的内容，为受众答疑解惑。通常可以使用以下两种方法。

（1）开门见山

所谓开门见山就是直截了当，直奔主题，毫不拖泥带水，直接说明产品或品牌的好处和优势，或者介绍如何解决某种问题等。这种写作手法主要围绕产品本身的功能或特性来展开，同时还要结合受众的情况，以引起受众的共鸣。这种方式多用在产品宣传或者营销文案中，特别是一些科技类或生活类的产品。文案从标题到正文，都围绕产品本身进行描述，详细说明该产品的相关特性和服务。

（2）利用关键词

关键词搜索是网络搜索的主要方法之一，关键词是表达文案主题内容的重要"桥梁"，正确合理地添加关键词能提高文案的曝光率。对于文案来说，编辑不仅可以在标题中添加关键词，也可以在开头添加关键词，这也是常用的文案开头写作技巧。

3．引用权威

权威不仅是指权威人士，还包括某个行业的调查数据、分析报告、趋势研究等权威资料。首先，权威效应的存在，会让受众认为权威人物、事物或数据资料是正确的楷模，服从权威会使自己获得安全感，增加不会出错的"保险系数"；其次，受众总认为权威人物、事物或数据资料的要求往往和社会规范相一致，按照权威的要求去做，会得到各方面的赞许和奖励。例如某外卖网站的宣传文案，在开头就直接指出与该网站合作的商家超过50万家，并且该网站和著名的某"权威"评价平台是合作关系。这就是权威的数据加权威的第三方，因而更容易获得受众的信任。

4．拟人化

这种方法就是将文案写成戏剧性对白或编辑的陈述，将产品拟人化，将其"内心活动"向受众展现出来。因为拟人化的独白式语言通常会带给受众一种正在亲身经历此种情景的感受，比较容易被受众接受。而且，拟人化的内心独白被认为是内心活动的真实反映，不掺杂虚伪的感情，所以极易给受众以情真意切、直诉肺腑的印象，引起受众的共鸣与信任。例如某款核桃的产品宣传文案，在一开头就以拟人的手法讲述了该核桃的"心情"：虽然我脸皮薄，但我内心丰富。语气动人，如叙家常，令人感到十分亲切。

5．以悬念故事开头

不论文案的主题和写作目的是什么，以悬念故事开头的文案，通常把吸引受众的注意力放在第一位。编辑在创作以悬念故事开头的文案时，可以通过截取戏剧化场面、利用情感或者八卦等制造悬念；也可以提出问题，诱导受众跟随文案的思路。悬念故事开头的创作虽然与小说大致相似，但新媒体文案的开头往往应该比小说更加精练，需要做到字字雕琢，有真正的卖点。

6．以新闻报道的方式开头

受众已经习惯通过新媒体获取各种新闻，以新闻报道的方式来撰写文案的开头，可以增加文案的可信度，引导受众的消费习惯。编辑写作时，以媒体的方式、新闻的手法对某一产品、事件或品牌进行报道，受众在阅读开头时，就会自然将其作为真正的新闻来读取信息，会信任文案的真实性。

7．直接与受众进行交流

不同的新媒体平台、不同的传播方式，需要的文案也各不相同。例如网络营销中的电商文案更注重结果，讲究效率，有着明确的目标和动机。电商文案的开头必须能吸引受众的关注，而通常情况下，吸引关注最直接的方式就是进行交流。文案的开头要尽可能地将文案当作受众了解商品和功能、激发购买兴趣的重要渠道。例如在足球世界杯期间，某洗衣机品牌创作的文案就直接抛出两个问题——"熬夜看球赛？没空洗衣服？"，然后在文案开头写道："都交给我吧！×××洗衣机帮你解决所有问题！"该文案站在消费者的角度回答了问题，既幽默，又说明了产品的特点。

8．使用诱惑性的短句

"诱惑性"的文案开头就是将受众视为无意关注者，创新文案表达形式，选择新颖内容，以"诱惑性"为导向，创作能够吸引受众关注、点击以及深入参与的文案。"诱惑性"主要指以下3种形式。

◆ **利益：**例如"抢到888，就得500元""说句话，赢大奖""免费笔记本等你来拿"等都是点击率较高的文案短句。

◆ **情感：**例如某征婚网站的文案第一句话就是"明天我要嫁给你啦"，以"爱情"为"诱饵"，吸引受众点击，效果非常好。

◆ **趣味：**一是指文案语言读起来很有趣，二是让受众感觉到阅读的方式有意思。例如"我刚在吃老婆饼，吃着就哭了，连饼都有老婆，我却没有"。

4.3.3 新媒体文案结尾的写作技巧

编辑进行文案的创作工作，不能只把重点放在文案的标题、开头和正文中，文案的结尾同样对流量和销售会产生较大的影响。新媒体文案的结尾通常分为两种类型：一种是语言描述类，另一种是直接关注类。

1．语言描述类结尾的写作技巧

这种类型的结尾方式通常应用在微信公众号推广文案、产品或品牌宣传软文等新媒体文案中，这种类型的文案篇幅一般较长，在文案结尾处需要对整篇文案的内容做一个总结。这种文案结尾的写作特点，就是将"营销信息"植入到"娱乐化、知识性"的内容中，看似用相当大的篇幅去说一件与品牌或产品毫不相关的事，直到行文结尾处才揭晓商业目的。这类结尾主要有以下几种形式。

◆ **呼应开头：**篇幅较长的文案通常正文内容较多，需要受众接收的信息也比较多，如果正文吸引力不足，通常受众不会完成全文的阅读，这种情况就加重了对文案开头和结尾的创作要求。若文案的开头直接展示了文案的主题，这就需要在结尾处呼应开头的内容，使文案内容完整，结构更紧密，加深受众的印象。

◆ **升华主题：**通过结尾扩大文案主题的意义，在正文的论点基础上，结尾再提出升华主题的论点，这样可以让文案的正文内容结构更紧凑，并且容易打动受众，引起转发。例如一篇动物保护的文案，在结尾处将保护动物的主题上升到保护家人、保护生存环境的高度，就容易得到受众的认可。

◆ **揭晓谜底：**制造悬念的文案在新媒体中应用得非常广泛，这种文案的结尾一般只有一种写法，就是揭晓谜底，在经过标题、开头和正文的层层铺垫后，展示出文案的最终目的。

◆ **神奇转折：**受众对于广告营销存在一定的抵触，更容易接受内容中不出现产品或品牌的文案，编辑就可以通过结尾转折的方式来点明主题。即先以一种常规故事发展情节来创作文案内容，而到了结尾处却急转直下，以一种让人意想不到的方式来揭示主题。这种结尾方式能够给受众以新奇的体验，使受众对文案的结局印象更加深刻。图4-16所示即为一篇结尾出乎意料的文案。

> 大勇出差在外，一天，突然回家。在门口，大勇听到有男人打呼噜的声音，他默默地走开，发了个短信给老婆，离婚吧。然后他扔掉手机卡，远走他乡。三年后，他们在一个城市再次相遇。妻子问为何不辞而别。大勇说了当时的情况。妻子转身离去，淡淡地说那是××杀毒软件的小狮子的呼噜声。

图 4-16　结尾转折的文案

◆ **抒情议论：** 用抒情议论的方式结尾，能够表达编辑对于主题的情绪，激起受众情感的波澜，引发共鸣，有着强烈的艺术感染力。

◆ **余味无穷：** 这种结尾方式是编辑比较喜欢的，主要是通过在结尾处留白，给受众留下一个自由发挥想象的空间，加深受众对文案主题的思考和理解，让人有更多的收获。这样的文案更容易获得受众的喜欢和转发。

◆ **请求号召：** 通过文案正文的讲解，在结尾处提出某些请求或发起某种号召，以求引起受众的共鸣，加深其对文案主题的印象并引起转发行为。这是一种隐形的、可以引起人们自动转发文案的力量，多用于公益类的新媒体文案，如"请大家不要在公共场所随地吐痰""让践踏草坪的人都滚出去吧"。

2．直接关注类结尾的写作技巧

这种类型的结尾方式通常应用在海报类和宣传推广类的新媒体文案中。通常这种类型的文案篇幅较短，结尾直接展示企业品牌、需要关注的二维码，或者产品的售后服务和问答等内容，如图4-17所示。

图 4-17　结尾展示企业品牌的文案

4.4 》增强新媒体文案的视觉冲击力

增强文案的视觉冲击力就是通过对文案内容、文字、色彩、图片等的个性化设计，给受众留下深刻而持久的印象，并增强文案宣传作用的过程。一般而言，强烈的视觉冲击力能够有效地增强文案的推广效果，视觉效果好的文案可以发挥如下作用。

◆ **激发受众继续看下去的欲望：** 通常人们都具有一定程度的猎奇欲望，在一大堆同类型的文案中，能吸引眼球的文案更容易引导受众去仔细阅读，所以在文案编辑的过程中，必须考虑视觉冲击效果的设计和展现。

◆ **提升整个文案的水准：** 一个完整的文案通常涉及多个元素的具体设计与完善，包括文字、图片、颜色和排版等。为了文案的最终效果，就必须考虑各个元素的设计是否合理，是否能够达到更好的效果。只要文案中某一关键部分或某一重要元素具有视觉冲击力，那么整个文案就会具有很强的视觉冲击效果。

4.4.1 美化文字的格式

新媒体文案中的文字是表达主题的主要载体，为了提高文案整体的美观性，可以通过设置文字格式、文本方向、标点符号和创意文字对文案文字进行美化，如图4-18所示。

图 4-18 通过美化文字格式为文案增加视觉冲击力

1. 设置文字格式

美观的文字可以在文案中起到一定的强调作用，所以可以根据文案需要设置文本的字体格式，包括设置文本的字体、字号、颜色及特殊效果等。

◆ **字体：** 字体是文字的基本格式，常见的文字有中文、英文和数字3种，每一种文字有多种具体的字体类型。文案中的文字字体通常是多种字体的组合。

◆ **字体颜色：** 设置字体颜色可以使文案具有更强的视觉效果，增加文案的可读性，使枯燥无味的文字更加醒目活泼。冷色调比较沉稳，暖色调更加醒目，灰色起到使人冷静作用，渐变色可以丰富文字的层次，黑白配色则是常用的万能搭配。

- ◆**字号大小：**将文字设置为不同的大小，能够使文案内容的层次更清晰，可以让突出显示的文字更富有表现力。
- ◆**特殊效果：**特殊效果包括加粗、倾斜、下画线、删除线和阴影等，它们可以使文本更具特色。需要注意的是，不能滥用特殊效果，应该用简单的方法强调文字，保证重点突出，这样的设计呈现的效果会更好。
- ◆**段落格式：**设置段落格式可以体现文本的层次，使之更加美观合理，其中包括设置文本的对齐方式、行距、缩进方式及段落间距等。
- ◆**项目符号和编号：**项目符号与编号可以引导和强调文本，引起受众的注意，并明确文本的逻辑关系。

2．设置文本方向

文本的方向除了横向、竖向、斜向外，还可以有更多的变化。设置文本的方向，不但可以打破定式思维，而且能增加文本的动感，会让文本别具魅力，吸引受众的注意力。

- ◆**竖向：**中文文本竖向排列与传统习惯相符，竖向排列的文本通常显得特别有文化感；如果加上竖式线条修饰，则更加有助于受众的阅读。
- ◆**斜向：**中英文文本都能斜向排列，斜向文本能带给受众强烈的视觉冲击力。设置斜向文本时，内容不宜过多，且配图和背景图片最好都与文本一起倾斜，让受众顺着图片把注意力集中到斜向的文本上。
- ◆**十字交叉：**十字交叉排列的文本在海报或微信文案中比较常见，十字交叉处是抓住眼球的焦点位置，通常该处的文本是文案的重点。
- ◆**错位：**文本错位也是美化文字格式的常用技巧，也是在海报或微信软文设计中使用较多的一种文字设计方法。错位的文本往往能结合文本字号、颜色和字体类型的变化，制作出很多专业性很强的效果。

3．设置标点符号

标点符号通常是对文本的修饰，属于从属的角色，但通过一些简单的设置，也可以让标点符号成为强化文本的工具。设置标点符号通常有以下两种方式。

- ◆**放大：**将标点放大到影响视觉时，就可以起到强调作用，吸引受众的注意力。名人名言或者重要文本内容都适合使用这种方法。
- ◆**添加标点符号或加入文本：**有时候为了强调标题或段落起止，可以添加"【 】"或"『 』"这样的符号，甚至在放大的符号中直接加入文本。

4．制作创意文字

创意文字就是根据文字的特点，将文字图形化，为文字增加更多的想象力，例如拉长或美化文字的笔画、使用形状包围文字、采用图案挡住文字笔画等。有些设计会比较复杂，甚至需要使用Photoshop这样的专业图形图像处理软件制作文字，再将其插入文案中。

4.4.2 制作一张精美的图片

新媒体中的信息量是巨大的，受众对于冗长的内容越来越没有耐心。精美的图片不仅可以对文案的文字加以说明，同时也能缓解受众对于长篇大论的厌烦。编辑不仅可以从网络中搜索图片，也可以自行设计，目的是不仅让受众感受到文案内容的精致，同时也能让受众体会到文案的质感，从而直接提升产品或品牌形象，增加流量和关注度。

1．常用的图片格式

不同格式的图片有不同的特点和效果，在新媒体文案中常用的图片格式为JPEG和GIF。JPEG图片是一种位图格式的图片，由于其高保真的压缩性，被广泛应用于网络传播中。其特点是图片文件小、节省磁盘空间，但在放大时，图片清晰度会下降。文案中常用的背景和素材图片一般都是JPEG格式的，在使用JPEG图片时要注意以下几点。

◆ **清晰度：** 图片的分辨率通常是越高越好，防止在演示时出现模糊的现象。

◆ **层次：** 图片要有光感，只有光线明亮，图片才能显示出层次感。

◆ **创意：** 精美是文案图片最重要的特质，创意则是在精美基础上的更高层次。精美的图片能够冲击受众的视觉，而优秀的创意图片则能触动受众的内心。图4-19所示为某摩托车品牌的图片，其创意是将一辆摩托车的部件拼接成了一个年轻人的形象，非常生动地体现了该摩托车的产品定位，让人过目不忘。

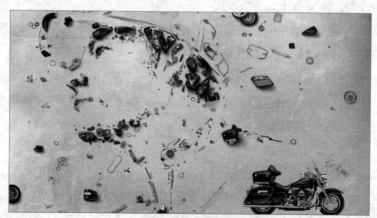

图 4-19　有创意的图片

GIF则是一种基于无损压缩模式的图片格式，其特点是压缩比高，占用空间少。在一个GIF文件中可以保存多幅彩色图像，并可将存于一个文件中的多幅图像数据逐幅读出并显示到屏幕上，从而构成动画，因此也把GIF图片说成是GIF动画。GIF图片在文案中需要谨慎使用，因为该格式色彩不够丰富，最多支持256种颜色，与文案内容不容易融合；如果图片透明化，则往往在边缘有锯齿，会降低整个文案的清晰度。另外，GIF图片采用的是循环动作，不能控制节奏和速度，容易冲淡主题，喧宾夺主。

2．选择高质量的图片

能够使用的素材图片非常多，怎么才能从海量的图片中选择并应用到文案中是一个非常重要的问题。选择高质量、有品位的图片，需要注意以下几个方面的内容。

◆ **使用干净的图片：** 干净的意思是图片的背景颜色和背景内容不能太多，不能太杂乱，放入的文字不会与图片产生冲突。

◆ **尽量真实：** 产品或品牌文案中应尽量使用与主题相关的真实图片。越是真实的图片，越具有强大的说服力；越是和工作业务相关的场景，越要使用真实的图片来展示。

◆ **有丰富的内涵：** 高质量的图片包含丰富的信息，可以直接将信息传递给受众。无论对于图片的理解是否准确，只要结合文字和图片，受众都能够进入编辑预设的场景中。

◆ **与文案主题有紧密的联系：** 编辑文案时应根据主题来选择图片，即图片应为文案内容服务，起到补充的效果；或者图片是文案内容的直接表现，让受众通过图片可以了解文案中难以理解的内容。

◆ **使用明快柔和的配色：** 颜色搭配通常也会影响图片的质量。通常情况下，明快柔和的色调（饱和度高或明度高）搭配不仅可以使人心情平静，还可以营造温馨舒适的气氛，更适合文字内容较多的文案。

3．编辑图片的注意事项

优秀文案的评定标准并不只有美观，最重要的是是否适合宣传的主体，即能否产生经济效益。所以，在编辑文案时，使用图片所需要达到的最理想结果就是将图片和文案完美结合。对于编辑来说，制作文案中的图片有以下几点注意事项。

◆图片必须有一个鲜明的主体。

◆图片宜产生悬念，用以吸引观看。

◆功能性产品的图片，使用前后的对比应有说服力。

◆照片的吸引力更胜手绘。

◆使用名人的照片能加强记忆。

◆图片中只需重点突出一个卖点，不宜过于繁复。

◆人物脸部的尺寸比例不宜与实际尺寸比例有太大的差异。

◆尽量少用历史照片，因为过于老旧的图片没有太大的吸引力。

◆以目标消费对象的心态来考虑图片主体。

◆以"婴儿""小动物""成人"为主体的图片最具影响力。

◆彩色图片的吸引力比黑白的高。

◆食品类文案采用令人垂涎欲滴的照片更容易获得成功。

4.4.3 增加文案的设计感

要创作出具有视觉冲击力的文案，还需要对文案的版式进行设计。编辑设计文案版式时通常需要将文字和图片进行相互关联，使之互相作用，最终达到形成视觉冲击、推广产品和品牌的目的。

1．空间

空间是指合理地布局文案的各种元素，并突出重点。通俗地说，就是在对的位置上遇见对的文案。文案在空间上的布局主要有3种。

◆**中心分布：**以文字为主要内容，文字可以与图相关联，这样画面稳定，给人一种前后的空间感，使整个文案更有层次。

◆**左右/上下分布：**这是一种常用的分布形式，容易平衡版式，文案内容的对应性很强。

◆**对角线分布：**相对以上两种，这种布局更有视觉冲击，不呆板。一般来说，在这种布局中，文案为辅助说明，以展示主题的细节为主，如图4-20所示。

图4-20　采用对角线分布的文案

2．对比

对比就是在确定文案的空间后，找一个对比点，再把这个对比极端化。例如，使用大小对比、粗细对比、字形对比等。下面介绍比较常用的几种。

◆**大小对比：**这是最明显、最常用，也最容易产生效果的一种对比方式，大部分文字排版都使用了这种方法来突出主次，类似于前面介绍过的字号大小的变化。

◆**粗细对比：**粗细、深浅，错落有致，可以影响受众的视觉重心。这种对比类似于前面介绍过的字体的特殊效果的变化。

◆**字形对比：**相对以上两种，字形对比更加自由多样，最普通的为衬线体与无衬线体的对比。在这种对比中，还可以进行字体设计，加入图形元素等。这种对比类似于前面介绍过的字体的变化和创意文字。

3．修饰

修饰在文案的版式中并不是必要元素，可根据画面的需要适当添加。通过各种加法、减法、乘法进行修饰，可以为单调的文字加上一些细腻的细节。

（1）加法

修饰文案的加法就是在基础文案上添加元素，加强重点，平衡版式，主要有以下几种。

◆**加面：**使文案以面状出现，一般用于重点文案或是需要吸引点击的按钮，或是用于框选需要区分的内容。

◆**加线：**用于修饰文字、引导文字、整理文字、平衡画面等。

◆**加点：**可以使画面充盈。

（2）减法

修饰文案的减法就是在文案的表现形式中做出裁剪、隐藏或者镂空，主要有以下几种。

◆**边缘裁剪：**扩大空间感。在一些文案中，有时会故意放大字体到版面的边缘。

◆**镂空：**除了可以强调重点文案或主体外，还可以产生叠加肌理的效果。

◆**口袋式隐藏：**隐藏非重点部分，在修饰文字的同时还能引发想象。

（3）乘法

修饰文案的乘法就是通过交集产生特殊效果，主要有以下几种。

◆**与主体/背景交错：**交错式更有前后空间感，与图片主题内容有更多交互。

◆**字叠加/错落：**突破呆板的横竖直排方法。

◆**合二为一：**技术上要求比较高，主体物和文案相容，表达更为直接，如图4-21所示。

图 4-21　采用文字与图像合二为一的文案

4．个性化

随着各种编辑工具的应用，新媒体文案的版式已经变得较为程式化，文案的标题、正文、图片和分割线等的模板几乎都可以直接套用格式进行设置。而受众通常会对相似度极高的版式设计产生审美疲劳。个性化的版式就能更好地呈现出文案的金字塔结构，在提升文案质量的同时，也会吸引受众的注意力，提高文案的关注度。

4.5 » 知识拓展——新媒体文案的热门选题

下面介绍新媒体文案中常见的一些热门选题，并列举每类选题中阅读量高的切入角度，供大家参考，希望能为策划选题节省一些时间。

（1）节日类选题

每年都有各种节日，例如传统的春节、中秋节，以及国外的情人节、圣诞节等，都能产生大量的热点话题和事件，文案都可以通过这些热点进行选题策划。节日类选题通常有以下几种常见的切入点。

- ◆ **情绪：**主要强调节日期间产生的各种情绪，例如思念、感恩和快乐等。
- ◆ **故事：**通过节日产生各种有关节日的回忆，并表达对故事的感情。
- ◆ **节日布置装饰技巧：**满足特定人群的需要，并推广产品。
- ◆ **娱乐休闲：**包括幽默笑话、节日歌曲、鸡汤文章等。
- ◆ **旅游：**针对旅游提出相关问题，如去哪儿玩、玩什么、怎么玩等。
- ◆ **吃喝：**各种美食的推荐、统计和排行。
- ◆ **身份：**分为工作身份和生活身份，结合节日组成话题。
- ◆ **商业：**推广活动、打折促销、特供商品等。
- ◆ **相关知识：**分析节日购物数据、进行名人节日活动推荐、解答疑惑、根据节日引申出话题、分析节日期间发生的核心事件等。

（2）生活类选题

人们更愿意关注日常生活中发生的热点新闻和事件，与日常生活相关的热点选题更容易受到人们的关注。生活类选题通常有以下几种常见的切入点。

- ◆ **促销优惠：**包括红包、抽奖等。
- ◆ **购物攻略：**包括购物清单、经验教学等，给受众提供实质帮助。
- ◆ **专业分析：**专家分析如何正确处理生活问题等。
- ◆ **消费理念：**常见于情感类、时尚类新媒体，通过传递消费理念，诱导、刺激受众消费。
- ◆ **总结点评：**分析数据、预测趋势，由此扩展到商业、消费等热门话题。
- ◆ **年度盘点：**年终奖，以及盘点形式的总结、想法等。
- ◆ **演员：**当红演员的成长经历、励志故事、日常生活情况等。
- ◆ **奇闻逸事：**介绍与品牌相关的奇闻逸事，推广品牌活动。
- ◆ **情绪：**日常感受、生活感悟、平凡的感动等。
- ◆ **关注：**楼市、保险、医疗、安全、教育等。

（3）会议赛事类选题

各种各样的体育赛事同样会对人们的生活产生巨大的影响，通过大家都关注的赛事或者重要会议来进行选题，也容易创作出爆款文案。会议赛事类选题通常有以下几种常见的切入点。

◆**细节**：与普通人日常生活相关的各种细节，更容易让人产生兴趣和传播。

◆**名人**：主要是名人的故事和他们的主要事业。前者讲述奋斗历程，给受众鼓励；后者介绍事业内容，满足受众的好奇心。

◆**预测分析**：预测会议赛事的结果，内容往往神秘、刺激、有戏剧性。

◆**背景故事**：介绍会议赛事历史，以及相关的专业知识。

◆**结果**：重点描述媒体、市场、受众等对会议赛事结果的反应。

◆**内容过程**：产生的重要事件、突发情况和疏漏事故等。

（4）社会角色类选题

人类的一个重要特征就是具有社会属性，在社会中人们都扮演着各种不同的社会角色，根据人们的社会角色进行选题创作，更贴近日常生活，更容易受到人们的关注。社会角色类选题通常有以下几种常见的切入点。

◆**状元**：普通人的教育行为、高考、寒门出才子等。

◆**名校**：世界排名、常青藤、"双一流"等。

◆**个人经历**：不管幽默还是严肃，重点是情感真实，才能感动受众。

◆**新生**：虽然每年内容重复，但学生都很新奇，可以结合各种商业活动，包括老师、军训、校园等。

◆**单身**：个人成长或者"自黑"，话题性和传播性都很强，很多学生和青年不仅喜欢"自黑"，而且喜欢转发。

第 **5** 章

编辑工具

俗话说，工欲善其事，必先利其器。作为一名专业的新媒体编辑，要做好新媒体文案的创作和运营推广，除了具备文案创作和编辑的基本技能，以及苦练运营推广的"内功"之外，学习和掌握一些编辑工具对提高编辑和运营效率也是非常重要的。常见的编辑工具包括搜索热点选题工具、内容编辑工具、图片编辑工具、多媒体编辑工具和HTML5超媒体设计工具等。本章就将详细讲解这些新媒体编辑工具的基本用法等相关知识。

5.1 » 搜索热点选题工具

新媒体编辑在进行选题策划或创作时，需要紧跟热点，通过查询各大平台上的指数及榜单的热门关键词和关注度，根据行业或受众关注的关键词进行选题策划。这时通常需要一些专业的工具来辅助。搜索新媒体热点选题的工具有很多，各有特色，编辑可以以查询数据或热门文章素材作为参考，在使用过程中找到适合自己的工具，以更快速和高效地编辑出专业的内容。

5.1.1　常用的搜索引擎

利用搜索引擎不仅能为编辑提供热点信息的检索服务，还可以研究受众的各种网络行为，快速准确地分析出目标受众信息，从而有效地推广产品和服务，促进销售。同时，通过对受众的搜索行为进行深度分析，还可以为编辑进行选题策划和创作及营销推广提供数据基础。

1．百度

百度是全球最大的中文搜索引擎网站，编辑可以通过计算机、手机访问百度主页，通过文字、语音、图像等多种交互方式搜索各种热门的信息和服务。直接在百度主页的搜索文本框中输入需要搜索的热点关键词，例如输入"热点选题"，百度即可搜索并显示与该关键词相关联的网页链接，并在网页中显示相关事件和搜索热点等内容，如图5-1所示。

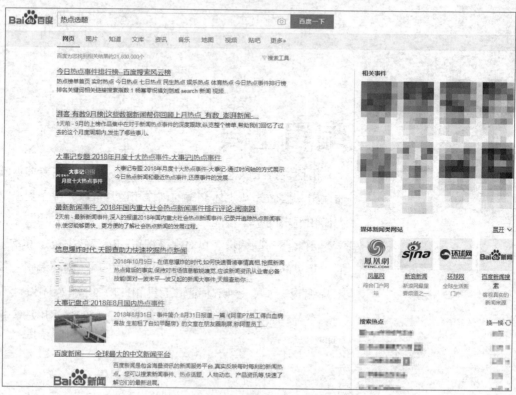

图 5-1　百度搜索引擎

搜索引擎是新媒体编辑工作中必不可少的工具之一，除百度外，比较常用的搜索引擎工具还有搜狗和360搜索等。

2．微博搜索

微博搜索是针对微博的搜索引擎，整合了全国各大微博站点的信息，根据一定的排序机制将搜索到的相关内容呈现给受众。其操作方法与百度搜索相同，搜索结果将显示与关键词相关的微博内容，以及相关用户、主页和微博的热搜榜单等。

3．搜狗微信搜索

搜狗微信搜索是针对微信的搜索引擎，搜索时，鼠标左键单击"搜文章"按钮可搜索与关键词相关的文章，鼠标左键单击"搜公众号"按钮可搜索与关键词相关的公众号，如图5-2所示。

图 5-2　搜狗微信搜索引擎

5.1.2　热点趋势查询工具

热点趋势查询工具就是以监测的全部样本及历史数据为基础的数据分享平台，编辑可以通过输入关键词的方式查看热点趋势和与搜索热点相对应的热门内容。新媒体编辑常用的热点趋势查询工具包括以下几种。

1．百度搜索风云榜

百度搜索风云榜是一个以"广大网民每日搜索行为"为数据，并以"关键词"为统计目标建立起来的网站。它以榜单的形式向受众呈现相关的信息，线上覆盖面较广，信息价值较高，能够全方位、客观地体现众多网民的需求，如图5-3所示，打开该网站后，单击"热点"选项卡，即可查看对应的各种热点趋势。

2．微信指数

微信指数是基于微信平台的一款热点趋势分析工具，可以整合微信上的搜索和浏览行为数据，并对海量数据进行分析，形成当日、7日、30日以及90日的关键词动态指数变化情况的数据报告，反映出搜索的关键词在一段时间内的热度趋势。简而言之，编辑可以通过微信指数，查看备选主题对应的事件在微信上的热度究竟有多高。

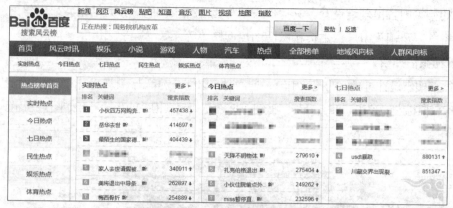

图 5-3 百度风云榜热点查询

利用微信指数查询热点趋势的具体方法如下，如图5-4所示。

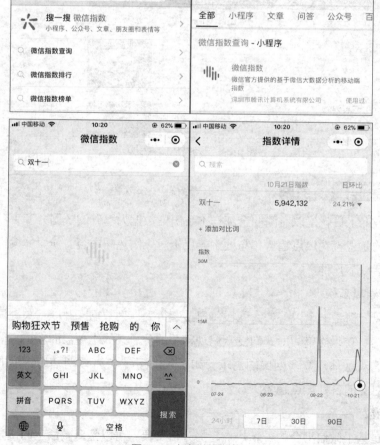

图 5-4 查询微信指数

◆在手机中打开微信，在最上面的"搜索"文本框中输入"微信指数"，然后点击"微信指数查询"选项。

◆打开"微信指数查询"对应的页面，点击微信指数查询的小程序"微信指数"。

◆打开"微信指数"页面，在"搜索"文本框中输入需要查询的关键词，例如输入"双十一"，点击"搜索"按钮。

◆打开"指数详情"页面，即可查看该关键词的指数变化情况。

微信指数的计算范围只包含微信搜索、公众号文章及朋友圈公开转发的文章。编辑可以根据微信指数提供的关键词的热度变化，间接获悉受众的兴趣点及变化情况，从而为产品或品牌的文案创作和营销提供数据支持，也能对创作的文案效果形成有效监测、跟踪和反馈。

3．微指数

微指数是基于微博平台的一款热点趋势分析工具，通过统计和分析微博平台中海量用户的行为数据和博文数据，得到反映不同事件领域的发展状况，以及关注事件的发展趋势等的数据。打开微指数网页，即可直接查看目前微博中最热的词汇，也可以通过搜索，查看热门词汇的指数趋势。

4．其他工具

还有其他一些热点趋势查询工具也可以帮助编辑进行热点选题的搜索和查询。

◆百度指数、百度统计。

◆搜狗指数。

◆新浪微博热搜榜。

◆清博大数据。

◆5118关键词挖掘工具。

◆站长工具。

◆360趋势。

◆淘宝指数。

5.1.3 热门文章素材搜集网站

新媒体编辑在创作的过程中，除了查询数据寻找热点选题外，也可以搜集一些热门文章素材作为参考。下面就介绍一些新媒体文章素材搜集工具。

◆**新媒体管家：** 新媒体管家是一款集排版、编辑和热点事件搜索功能于一身的新媒体编辑工具，编辑可以通过新媒体管家查看整理好的全年的营销事件日历，以及实时更新的微信、微博和百度等各大平台的热点事件和热门文章。

◆**西瓜助手：** 西瓜助手是一款基于公众号数据挖掘的内容搜集工具，可以通过大数据实时智能地快速筛选和分析出最热门和最值得关注的内容，帮助编辑获取最适合的文章素材。

◆**微小宝：** 微小宝是一款专业的公众号数据分析平台，可以为编辑提供微信公众号排行榜、热门文章排行榜等服务。

◆**爱微帮：** 爱微帮是一款专业的新媒体服务和智能传播平台，旗下的微榜是一个微信公众号排行榜。新媒体编辑可以通过其中的选题素材和微榜数据了解到最有影响力的微信公众号和热门文章，如图5-5所示。

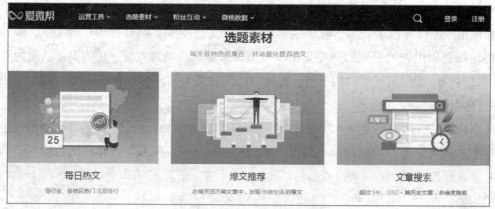

图 5-5　爱微帮的热门文章和选题素材

新媒体编辑还可以通过以下网站进行热点内容素材搜集工作。

◆今日头条。

◆新榜——热门内容。

◆一点资讯。

◆微口网。

◆火酷网。

◆微果酱。

5.2 » 内容编辑工具

内容编辑是指新媒体编辑输入文章内容并进行图文排版，然后发布到新媒体平台中。使用内容编辑工具可以使文章编排美观大方，从而赢得受众的青睐。编辑进行内容编辑时主要使用计算机平台和手机移动平台两种类型的编辑工具。

5.2.1　计算机平台的内容编辑工具

计算机平台的内容编辑工具主要是指新媒体的发布平台通常为计算机的工具软件，常见的包括Microsoft Office系列、WPS Office系列、InDesign等。

1．Microsoft Office

Microsoft Office是一款专业的办公软件，不管是处理办公事务，还是进行文案编辑写作都十分便利，其中Word和PowerPoint作为其系列下的重要软件，具有强大的内容编辑功能。

（1）Word

Word是一款广泛应用于办公领域的专业文本制作软件，它可以帮助完成日常的文档处理工作，满足绝大部分办公需求。在Word中进行的操作包括输入和编辑文本，设置字符和段落格式，设置边框、底纹、页面背景和大小，应用各种样式，插入和编辑图片、艺术字、形状、SmartArt图形，创建、插入和美化表格等。如果文案的文字较多，通常采用Word进行编辑，如图5-6所示。

图 5-6　利用 Word 2016 编辑的新媒体文案

（2）PowerPoint

PowerPoint是一款专业的演示文稿制作软件，用户可以将制作出来的演示文稿在投影仪或者计算机上进行演示，也可以将演示文稿打印出来或制作成胶片，以便应用到更广泛的领域。在PowerPoint中不但能像Word一样对文本进行编辑，还可以插入视频、音频和动画等多媒体文件。编辑如果需要制作文字较少，但包含大量图片和多媒体元素的文案，那么PowerPoint比Word更加适用。图5-7所示为使用PowerPoint 2016编辑的文案，操作也非常简单，只需要在幻灯片中插入图片，然后插入并设置文本框，输入文字，最后将演示文稿保存为图片即可。

图 5-7　利用 PowerPoint 2016 编辑的新媒体文案

2．WPS Office

WPS Office也是一款新媒体编辑中使用较多的内容编辑工具，其集成了Word、PowerPoint和云文档等功能软件。其中的WPS云文档支持新媒体运营团队的所有人员在同一个文档里协作撰写、讨论和校对文案，并可以作为团队资料放在云端存储与共享平台，编辑可以直接编辑存储在云端的文档，修改文档后无须反复上传下载。

3．InDesign

InDesign是一款由Adobe公司开发的、定位于专业排版领域的设计软件，它建立了一个由第三方开发者和系统集成者提供自定义杂志、广告设计、目录、零售商设计工作室和报纸出版等方案的核心。使用InDesign编辑的文案，能够直接通过Adobe Flash Player播放内容，还能发布为互动式PDF文件，非常适合新媒体编辑的营销推广工作。

5.2.2 手机平台的内容编辑工具

手机平台的内容编辑工具主要是指内容的发布平台通常为移动版（主要包括手机和平板电脑）的工具软件，常用的有秀米、i排版、135编辑器等。这些编辑工具的操作类似，下面以135编辑器为例，讲解这些内容编辑工具的使用方法。

1．编辑界面

135编辑器是一款基于微信公众平台的在线图文编辑和排版工具，主要应用于微信文章、企业网站以及邮箱等，而且可以为企业提供个性化的定制服务。打开135编辑器的编辑界面后就可进行内容编辑与排版，如图5-8所示。编辑界面从左向右依次为菜单栏、样式展示区、编辑区、功能区等。

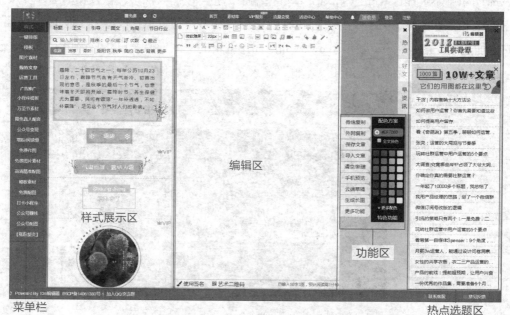

图 5-8　135 编辑器的编辑界面

128

（1）菜单栏

菜单栏用于显示135编辑器中的常用功能菜单，包括样式、一键排版、模板和各种素材等。单击菜单栏中的选项，将在样式展示区或新打开的网页中显示对应的内容。

（2）样式展示区

样式展示区由分类区和样式区上下两个部分组成，用于展示编辑可选的内容样式，如图5-9所示。

◆**分类区**：将鼠标指针移动到分类区类型选项上时，将显示该类型的分类列表；在列表中选择一种类型，将在下面的样式区中显示对应的样式。

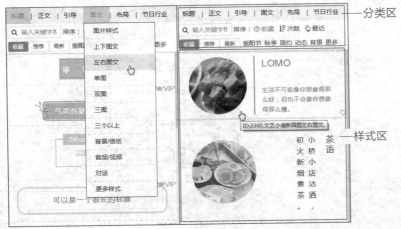

图 5-9　样式展示区

◆**样式区**：将鼠标指针移动到样式区一个样式上面时，将显示样式的名称，单击即可将其插入到编辑区中。

（3）编辑区

编辑区由编辑按钮区和内容区上下两个部分组成，用于编辑内容，如图5-10所示。

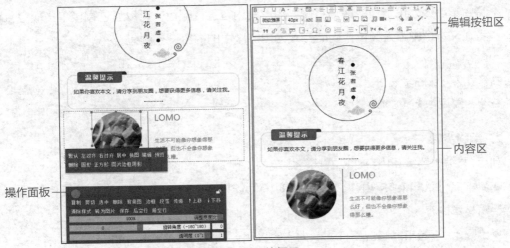

图 5-10　编辑区

◆**编辑按钮区**：该区域中显示了用于内容编辑的常用按钮，包括字体设置、对齐方式、插入图像和插入多媒体等。

◆**内容区**：该区域中主要显示插入的各种内容，在某个内容上单击，还可以弹出对应的对话框，可以通过该对话框进行内容的编辑，包括基本格式设置、复制粘贴，以及角度和透明度等样式设置等。

> 👤 **专家点拨**
>
> 在编辑区底部单击"二维码"超链接，将启动"草料二维码美化器"，可通过其制作一个二维码插入内容中。草料二维码是一款专业的二维码生成工具，不仅能生成电话、文本、短信、邮件和名片的二维码，也能生成文件、图片、网址、视频和音频等的二维码，如图5-11所示。
>
>
>
> 图 5-11　草料二维码生成工具

（4）功能区

功能区由普通功能区和特色功能区左右两个部分组成，用于内容编辑的新建、保存和发布等。

◆**普通功能区**：位于功能区的左侧，由微信复制、外网复制、保存文章、导入文章、清空/新建和手机浏览等按钮组成，单击按钮即可进行对应的功能操作。

◆**特色功能区**：位于功能区的右侧，用于对内容进行配色，可以通过直接单击颜色色块或者在文本框中输入颜色代码的方式为内容区中的内容设置颜色。

> 👤 **专家点拨**
>
> 在功能区中单击"更多功能"按钮，在打开的对话框中将显示内容编辑的更多功能，包括特殊符号、常用表情和随机换色等。

2. 编辑步骤

利用135编辑器编辑内容通常有比较规范的流程，主要包括以下几个步骤。

◆**步骤1，输入和编辑内容**：在编辑区中输入并编辑文章，或者通过粘贴或导入的方式编辑文章内容。

◆**步骤2，设置布局和应用样式**：为内容应用合适的样式或模板，并选择布局样式。

◆**步骤3，配色**：设置内容的颜色配置，并对各种内容形式进行具体的设置。

◆**步骤4，引导浏览：** 为内容添加引导、关注和二维码等增加流量的内容。

◆**步骤5，预览内容：** 在功能区中单击"手机预览"或"云端草稿"按钮，预览内容效果。

◆**步骤6，完成并发布内容：** 在功能区中单击"微信复制"或"外网复制"按钮，完成内容的编辑，然后在对应的新媒体平台发布页面中通过【Ctrl+V】组合键粘贴内容，再进行发布。

5.3 » 图片编辑工具

图片是新媒体文案的重要组成部分。新媒体编辑在进行内容编辑前，通常需要先搜集图片素材，然后对这些图片素材进行制作和修改，使之符合文案需求，最后在进行内容编辑时，将图片插入文案中即可。

5.3.1 图片素材网站

图片已经成为新媒体文案不可缺少的组成元素，编辑工作都涉及寻找图片素材的步骤。找到合适的素材通常需要耗费大量的时间，所以，一名合格的新媒体编辑需要搜集一些图片素材网站，以快速找到合适的素材。

◆**花瓣网：** 花瓣网是一个专业的图片素材网站，用户可以在上面发现并收藏优质图片。花瓣网目前拥有数亿张优质图片，基本能满足新媒体编辑对图片素材的需求。

◆**昵图网：** 昵图网是一个图片素材共享平台，网站中的所有素材图片均由网友上传共享，上传共享的图片越多，能下载的图片也就越多。

◆**千图网：** 千图网是一家免费的图片素材下载网站，提供包括矢量图、PSD源文件、图片素材、网页素材、手机App素材、PPT、画册等主流素材的免费下载服务。

◆**pixabay：** pixabay是一个免费高清素材网站，其中图片数量很多，并且提供搜索和分类查询。很多都是未经处理的原图，用户可以根据自己的需要选择合适的图片下载，如图5-12所示。

图 5-12　pixabay 图片素材网站

5.3.2 图片编辑工具

新媒体编辑经常需要对收集的图片素材进行重新制作和修改，这就需要使用专门的制图、修图工具，例如美图秀秀、Photoshop和创客贴等。美图秀秀是一款操作简单的图片制作和处理工具，Photoshop是一款专业的、功能强大的图片编辑工具，创客贴则是一款极简的网站式平面设计工具。通过简单的拖曳等操作，使用平台提供的大量图片、字体和模板等素材，用户就能轻松设计出精美的海报、PPT、公众号文章首图等。这些软件都非常适合新媒体编辑使用，这里就以创客贴为例，讲解图片编辑工具的使用方法。

1．编辑界面

打开创客贴网站并登录之后，选择一种需要制作的图片类型模板，即可进入编辑界面，如图5-13所示。编辑界面由菜单栏、样式展示区、编辑区和页面区组成。

◆**菜单栏：** 菜单栏用于显示编辑中的常用功能菜单，包括文件、撤销、恢复、发布分享和下载等按钮。在菜单栏中间位置单击，可以输入图片的名称。

◆**样式展示区：** 样式展示区中主要显示图片素材的各种分类，单击左侧的标签，即可在展示区右侧显示对应的各种素材样式，单击即可将其插入编辑区中。

👤 **专家点拨**

在样式展示区左侧单击"小工具"标签，在样式展示区右侧单击"二维码"按钮，可以在图片中设置并插入二维码。

◆**编辑区：** 编辑区中通常显示图片模板。单击其中的各种元素，将在编辑区最上面显示对应的编辑栏（主要是图片编辑栏和文字编辑栏），可对文字和图片进行编辑。

图 5-13 创客贴的编辑界面

◆ **页面区：**页面区主要显示图片的预览效果，单击"新增页面"按钮，将添加一张新的图片。

2. 编辑步骤

利用创客贴编辑图片也有比较规范的流程，主要包括以下几个步骤。

◆ **步骤1，选择场景：**在创客贴网站中利用个人账户登录，选择需要制作的图片所应用的场景，如图5-14所示。

图 5-14　选择图片的应用场景

> 🧑 **专家点拨**
>
> 在选择图片场景的网页中单击"模板中心"菜单，即可打开模板的专题页面，在其中可以直接选择图片的模板插入到编辑区。

◆ **步骤2，选择模板：**打开场景模板界面，在其中选择一种图片模板，将其插入编辑区中。

◆ **步骤3，编辑图片：**对图片模板进行编辑，设计文案中需要的图片。

◆ **步骤4，输出图片：**完成图片编辑后，单击"下载"按钮，打开"下载作品"输出界面，可以设置将图片输出到计算机或手机。

5.3.3　GIF 图片制作工具

GIF图片由于能够展示最简单的动态画面，经常被新媒体编辑使用。GIF图片制作简单，常见的制作工具包括gif5网站、GifCam等。

1．利用图片制作GIF

利用图片制作GIF通常可以直接使用网页工具进行，例如gif5网站（其余软件制作流程相差不大），主要有以下几个步骤。

◆ **步骤1，打开网页编辑工具：** 进入gif5网站。

◆ **步骤2，添加图片：** 单击"添加图片"按钮，然后选择制作GIF的素材图片，将其添加到编辑页面中，如图5-15所示。

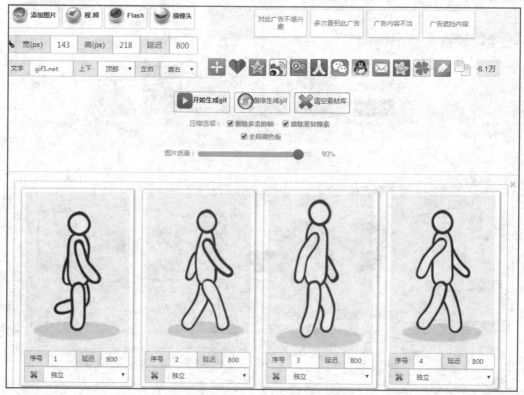

图 5-15 利用 gif5 网站工具制作 GIF

◆ **步骤3，设置GIF格式：** 在编辑页面中设置GIF图片的格式，包括大小、延迟、文字、压缩选项和图片质量等。

◆ **步骤4，生成GIF：** 单击"开始生成gif"按钮，制作GIF图片。

◆ **步骤5，输出GIF：** 生成GIF图片后，将在打开的界面中显示最终效果。单击"下载图片"按钮，可以将GIF图片保存到计算机中。

2．利用视频制作GIF

现在新媒体中使用的GIF很多都是将视频中的一些经典片段截取并制作出来的，利用视频制作GIF则需要使用一些独立的工具软件，例如GifCam等。GifCam是一款集录制和剪辑于一体的视频GIF制作工具，操作方法非常简单，主要包括以下几个步骤。

◆**步骤1，启动软件：** 启动GifCam，打开其操作界面。

◆**步骤2，播放视频：** 播放需要制作GIF的视频文件。

◆**步骤3，录制视频：** 将GifCam操作界面窗口移动到视频播放的区域，单击"录制"按钮录制视频，如图5-16所示，录制完成后单击"停止"按钮。

图 5-16　录制视频制作 GIF

◆**步骤4，输出GIF：** 单击"保存"按钮，在弹出的窗口中设置GIF图片的保存位置和名称，即可将录制的视频保存为GIF图片。

专家点拨

使用 GifCam 录制视频时，可以根据视频的大小调整 GifCam 窗口的大小，也可以单击"录制"和"保存"按钮右侧的下拉按钮来设置录制格式。

5.3.4 表情包制作工具

表情包是指一张或多张图片，以流行的语录、动漫、影视截图等为内容，配上一系列相匹配的文字，用以表达特定的情感。新媒体时代的表情包不仅是社交网络平台中必不可少的交流工具，而且打造了一系列著名品牌，也带动了相关产业的发展。常用的表情包制作工具有很多，这里以斗图啦在线表情包制作工具为例，讲解表情包制作工具的使用方法。

1．编辑界面

进入斗图啦网站，单击网页上部的相应菜单即可进入编辑界面，如图5-17所示。编辑界面由功能按钮区、编辑区和素材区组成。

图 5-17　斗图啦的编辑界面

◆**功能按钮区：**功能按钮区中主要是编辑表情包的各种功能按钮，包括选择、删除、翻转、生成和撤销等。

◆**编辑区：**编辑区用于表情包图片的编辑操作，单击选择插入其中的各种素材或图片，然后在功能按钮区中单击某个功能按钮，即可进行对应的操作。

◆**素材区：**素材区主要显示用于制作表情包的各种素材，单击或拖动即可将素材移动到编辑区中。

2．编辑步骤

利用斗图啦编辑表情包图片需要有以下几个步骤。

◆**步骤1，进入编辑界面：**打开斗图啦网站，进入编辑界面。

◆**步骤2，选择素材：**在素材区中选择制作表情包需要的素材，将其移动到编辑区中。

👤**专家点拨**

如果需要将照片中的人像制作成表情包，需要先处理好照片中的人像，然后在素材区中单击"上传图片"按钮，在打开的对话框中选择处理好的人像图片，将其插入到编辑区中，和其他素材一起编辑输出。

◆**步骤3，编辑图片：**对编辑区中的所有素材进行编辑，包括设置前后层次、颜色和方向，以及添加和设置文本等。

◆**步骤4，输出图片：**完成图片编辑后，在功能按钮区中单击"生成"按钮，即可在打开的界面中浏览表情包效果；然后在图片上单击鼠标右键，在弹出的快捷菜单中选择"图片另存为"命令，即可打开对话框设置表情包的保存位置和名称。

5.4 » 多媒体编辑工具

新媒体编辑的内容中，除了文字和图片外，还会涉及音频和视频。音频和视频的加入，会增强新媒体作品的宣传效果。很多新媒体平台都支持音频和视频功能，例如酷狗音乐、虾米音乐和QQ音乐等主营音频的新媒体平台，以及优酷、爱奇艺、腾讯视频和搜狐视频等主营视频的新媒体平台。所以，新媒体编辑有必要了解并掌握一些音频和视频编辑工具的基本操作。

5.4.1 音频编辑工具

新媒体行业中有一个音频编辑的专项职位，其基本的岗位职责就是负责利用专业的音频剪辑软件对录制的音频进行后期制作，并将其上传发布到各新媒体平台中。新媒体编辑则只需要能够运用常见的音频编辑工具处理简单的音频文件即可。

1. 新媒体平台中常见的音频格式

音频信息的文件格式有多种，但在新媒体平台中常用的有以下两种。

◆ **WMA格式：**WMA格式是Microsoft公司开发的兼顾音质和网络传输的网络数字音频格式，是一种非常适合网络在线播放的音频格式。

◆ **MP3格式：**MP3格式是目前网络中流行的网络共享音频文件格式，其音频文件较小，音质较高，非常适合新媒体平台使用。

2. 常用音频编辑工具

相对于专业的音频编辑软件，新媒体编辑所使用的音频编辑工具在操作上更加简单，但功能的针对性更强，例如将音频转换为文字、改变声音的类型等。

◆ **Adobe Audition：**Adobe Audition是一款常用的音频处理软件，其界面直观实用且功能强大，能高质量地完成录音、编辑、控制和合成等多种音频处理工作。图5-18所示为Adobe Audition的操作界面。

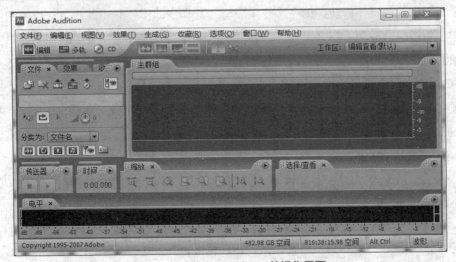

图 5-18　Adobe Audition 的操作界面

◆**GoldWave：**GoldWave音频工具不仅可以打开多种格式的音频文件，还可进行丰富的音频特效处理，提高音质效果，满足不同用途的需求。

◆**变声专家：**变声专家的主要功能包括完成多种声音变化，为视频剪辑、解说等增加配音，模仿人的声音，改变歌曲里的声音，创建动物声音等。

◆**录音宝：**录音宝是一款专业的音频录制手机软件，其最特别的功能就是能够将录制的音频直接转换成文本，非常适合新媒体编辑使用。

3．音频编辑的工作流程

音频编辑使用编辑工具进行音频的编辑处理时主要的工作流程如下。

◆**设置基本参数：**对编辑工具的操作模式以及音频文件的主要性能参数进行设置，例如采样频率、取样大小和声道数等。

◆**导入和浏览音频素材：**将需要编辑的音频文件导入工具中，然后通过设置开始和结束的时间点来浏览或播放音频。

◆**剪辑与调整：**编辑插入的音频，包括设置开始和结束的时间点，然后将多余的音频删除；剪切一段时间的音频，将其复制到另外的时间点；改变音频的音量等。

◆**应用特效：**为编辑好的音频调整和创造特殊的音频效果，通常需要将特效添加到编辑好的音频轨道上，然后调整该特效对应的各种参数。

◆**混音与合成：**在进行音频编辑的过程中，音频中如果存在两个或更多的音频轨道，为了有效地调整声音效果，就需要对其进行混音与合成。操作时通常需要选择某一条音频轨道，然后对该轨道的音频参数进行设置。

◆**试听与导出：**编辑完成后，需要播放部分或全部音频来试听编辑效果，查看各剪辑点的衔接、特效的应用和混音效果。试听完成后，可以将音频以指定的格式导出。

5.4.2 视频编辑工具

视频编辑也是新媒体行业中的一个专项职位，其基本的岗位职责就是负责视频的全方位拍摄、制作、剪辑、合成和发布等工作。新媒体编辑则只需要能够运用常见的视频编辑工具完成所需视频的剪辑和发布即可。

1．新媒体平台中常见的视频格式

视频文件的格式有多种，常见的有AVI、RMVB、WMA、MP4、RM和MKV等。但对于基于网络的新媒体来说，适合网络播放与移动媒体设备播放用的主要是AVI、WMV、RM/RMVB、SWF、FLV和MP4等。

◆**AVI格式：**AVI格式是一种文件较大的视频格式，其优点是兼容性好、调用方便、图像质量好。

◆**WMV格式：**WMV是Microsoft公司开发的一组数位视频编解码格式的统称，其图像质量略逊于AVI，但这种格式的文件更小，更适合网络传播。

◆**RM/RMVB格式：**RMVB格式是由RealNetworks开发的一种能容纳Real Video和Real Audio
编码的媒体，其图像质量与WMV相似。RM格式是可变比特率的RMVB格式，这种格式
的文件很小，图像质量却与RMVB格式相差不多，更容易在网络中被下载。

◆**SWF格式：**SWF格式的文件统称为Flash动画文件，文件中包含丰富的视频、声音、图
形和动画，非常适合新媒体用户交互的需要。

◆**FLV格式：**FLV是一种流媒体格式（可以在网络中边缓冲边播放的媒体文件），特点是
文件极小、加载速度极快、占有率低。这些特点非常适合在线播放视频，现各视频网站
大多使用的都是FLV格式。

◆**MP4格式：**MP4是一套用于音频、视频信息的压缩编码标准，也就是说MP4既支持音频
也支持视频，现在很多移动设备拍摄的视频都是MP4格式的。

2．常用视频编辑工具

◆**爱剪辑：**爱剪辑是一款操作简单、使用非常广泛的视频剪辑软件，支持音频和视频的编
辑，具有为视频添加各种特效和字幕及去水印等多种功能，非常适合新媒体编辑使用。
图5-19所示为爱剪辑的操作界面。

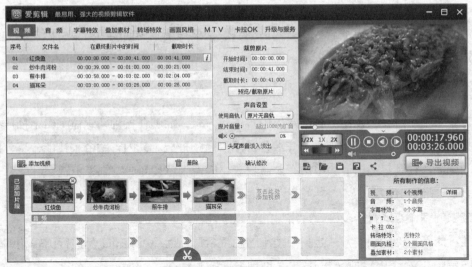

图 5-19　爱剪辑的操作界面

◆**快剪辑：**快剪辑是360公司推出的视频剪辑软件，其特点是支持录制全网范围内所有
视频，还可导出不同视频格式、GIF文件和各种小视频表情包。另外，利用快剪辑还
可以将编辑的视频一键分享到多个新媒体视频平台中，非常适合新媒体编辑使用。

◆**会声会影：**会声会影是一款功能强大的视频编辑软件，具有图像抓取和编辑功能，并可
提供超过100种的编辑功能与效果，满足家庭、个人以及普通企业视频编辑的需要，是
一款非常好用的视频编辑软件。

◆**Adobe Premiere：**Adobe Premiere是Adobe公司推出的一款常用的视频编辑软件，编辑
画面质量较高，且有较好的兼容性。由于其强大的后期功能，Adobe Premiere被广泛运用

于广告和电视节目的制作，也是目前专业人士使用频率很高的视频编辑工具。

3．视频编辑的工作流程

通常视频文件中都包含音频数据，所以利用视频编辑工具能够同步编辑视频和音频，视频编辑的主要工作流程如下。

◆ **新建或打开一个项目：**通常在编辑一个视频时，需要先为该编辑过程创建一个项目，并为该项目的编辑操作设置好各种参数。

◆ **导入或采集素材：**将需要编辑的各种素材，包括视频、音频和图片等导入项目中，或者通过录制的方式采集视频作为素材添加到项目中。

◆ **编辑时间线：**编辑插入的视频，设置编辑点，给素材或时间线做标记。也就是从素材文件中选择需要的片段，按照预先的设计思路，排列在时间线上。

◆ **添加转场和视频特效：**通过时间线调整素材的不透明度、运动等固定特效和其他特效，利用时间线上的关键帧对视频进行控制。

◆ **设置图文字幕：**为视频创建风格化的静态或滚动字幕，将字幕添加到视频中，并可以为字幕加上各种特殊的效果。

◆ **编辑音频：**对与视频对应的音轨进行编辑，并可以为音频设置多种音频特效。

◆ **预演与输出：**编辑完成后，需要播放部分或全部视频来预演编辑效果，然后将视频以指定的格式输出。

5.4.3 短视频编辑工具

短视频是指短片视频，是一种新媒体内容传播方式，能够在各种新媒体平台上播放，适合在移动状态和短时休闲状态下观看，并被各种平台高频推送。其内容融合了技能分享、幽默搞怪、时尚潮流、社会热点、街头采访、公益教育、广告创意和商业定制等主题。

1．短视频的制作方式

短视频的制作方式有很多种，最常见的有以下几种。

◆ **图片展现：**这种制作方式是利用搜集的图片素材，用视频编辑工具进行剪辑和编辑，添加音乐、文字和各种特殊的效果，展现设计的视频。

◆ **自演自说：**这种制作方式过程简单，一般不需要场景的变动，只需要把想要阐述的内容通过一个独特的逻辑表达出来，然后通过摄像设备录制成视频。

◆ **采访形式：**这种制作方式是通过一个明确的话题，采访他人或由他人采访自己，然后完成视频制作。新媒体平台中有很多这种形式的短视频，特别是街头采访。

◆ **剧情形式：**利用这种制作方式可制作一部小型电影。采用这种方式时，通常需要有剧本和演员，然后根据内容进行拍摄。完成的视频通过精修细节，就成为一部短剧。

2．短视频的制作工具

通常可以利用爱剪辑、Adobe Premiere等视频编辑软件进行短视频的剪辑和编辑。新媒体编辑讲求的是效率，如果只用图片和文字制作短视频，就能减少工作量，提高工作效率。利用在线短视频编辑制作工具时，能够直接通过现成的短视频模板制作出用于宣传展示、产品推广等的视频，新媒体编辑只需要在操作时更换模板中的图片和文字即可，这种短视频编辑工具非常适合新媒体编辑使用。例如，图5-20所示的传影DIY在线视频制作工具，其编辑界面由菜单栏、场景区、编辑区和素材设置区组成。

◆ **菜单栏：**菜单栏用于管理整个视频，其中还有"保存"和"预览和设置"两个按钮。

图 5-20　传影 DIY 的编辑界面

◆ **场景区：**场景区中主要显示视频中可以编辑的所有场景，单击场景即可在编辑区中显示并编辑场景，单击"新场景"按钮可以增加场景。

◆ **编辑区：**编辑区用于场景中图片和文字的编辑操作，单击选择其中的文字，即可在素材设置区对文字的样式进行设置，单击图片即可更换图片。

◆ **素材设置区：**素材设置区主要用于视频中文字、图片和音乐的更换和设置，单击对应的选项卡，即可显示对应的设置选项。

3．编辑步骤

利用传影DIY编辑短视频需要有以下几个步骤。

◆ **步骤1，选择模板：**打开传影DIY网站，选择需要创建的视频模板，通过用户登录进入编辑界面。

◆ **步骤2，编辑视频：**在场景区中选择场景，然后在编辑区选择对应的文字或图片进行更换或设置。

◆ **步骤3，输出视频：**完成视频编辑后，先浏览效果并进行调整，最后将其输出到计算机中。

5.5 » HTML5 超媒体设计工具

HTML5简称H5，在新媒体传播中指一种微信营销的广告或活动传播。对于新媒体编辑来说，H5只是一种手段，用于营销和新闻报道；其作用与文案、视频和宣传图片一样，都是为了引发传播，获得流量。

5.5.1 了解 H5 的定义和作用

H5的字面含义是指第5代HTML（超文本标记语言）。在新媒体领域，H5是指为了展示而根据H5标准制作出来的各种产品。

1. H5的传播特性

H5具有多媒体和跨平台两项传播特性，都非常适合新媒体领域。

◆ **多媒体属性：**H5提供免插件的音视频、图像动画、文字存储以及其他功能，具有标准化、开放化和互动性的特点，能够轻松实现类似桌面的应用体验，非常适合在新媒体平台中传播。

◆ **跨平台属性：**用H5搭建的站点或应用可以兼容PC端与移动端、Windows与Linux、安卓与iOS。它可以轻易地移植到各种不同的开放或应用平台中，在微博、微信或一些App里都可以一键转发，能够引起爆发性的传播。

2. H5的作用

H5对企业宣传和增加曝光度都可以起到非常重要的作用。

◆ **吸引用户主动分享，帮助企业快速吸粉：**H5中通常包含企业的产品信息、公众号等，移动端的每次转发和分享，都可以帮助企业进行宣传和营销推广。

◆ **增加企业的曝光率：**H5的传播形式更加新颖，并且具有互动的特点，使得传播分享的概率大大提升，特别是配合H5制作工具的点击跳转功能，能跳转到相应的链接页面，可以增加企业信息的曝光概率。

◆ **增强用户的活跃度和黏性：**H5宣传页面的链接可以添加到企业的公众号菜单之中，用户通过公众号就可以快速浏览企业的H5页面，这样既增加了企业公众号的特色，又增强了用户的活跃度及黏性。

5.5.2 编辑 H5

H5酷炫的视听效果能够吸引更多的受众，所以，新媒体编辑需要了解H5的主要类型、常见表现形式及编辑H5的基本技巧。

1. H5的类型

H5的分类方式有很多，新媒体编辑需要根据营销推广的方式来进行划分，主要有以下4种类型。

◆ **活动推广**：这种类型的H5包含多种内容形式，例如游戏、邀请函、贺卡和测试题等，通过与用户互动、高质量和话题性的设计来提高传播效率。

◆ **品牌宣传**：这种类型的H5更倾向于企业品牌形象的塑造，以及向用户传达品牌的精神与态度。在内容设计上，这种类型的H5使用了符合品牌气质的视觉语言，文案选题直指用户的内心，能使其对品牌留下深刻印象。

◆ **产品介绍**：这种类型的H5通常聚焦于产品功能的介绍，运用H5的互动技术优势尽情展示产的品特性，从而帮助用户全方位了解产品，甚至吸引用户产生购买行为。例如现在很多App在安装或升级后都会先打开一个H5引导页面，让用户通过H5体验产品的特性，如图5-21所示。

图 5-21　某 App 的 H5 引导页面

◆ **总结报告**：这种类型的H5中，非常著名的案例就是"支付宝十年账单"，它利用H5优秀的互动体验令原本乏味的总结报告变得生动有趣。

2．H5的表现形式

根据H5的分类方式可知，其主要的表现形式有以下几种。

◆ **图文**：这是H5页面最常见的表现形式，图的内容包括照片、插画、GIF和视频等，文是指标题和文案。通过翻页等简单的交互操作，H5能起到类似幻灯片的传播效果。

◆ **礼物/贺卡/邀请函**：这种H5以礼物、贺卡或邀请函的形式展现给用户，通过提升用户的好感度来潜移默化地达到宣传产品或品牌的目的。

◆ **问答/评分/测试**：这种H5利用用户的求知欲和探索欲，将宣传的内容以问答的形式展现给用户，目的是让用户乐在其中，潜移默化地接受宣传的信息。

◆ **游戏**：这种H5因为画面和操作简单、竞技性强，一度风靡朋友圈。

3．H5的编辑技巧

在了解了H5的一些基本知识后，还需要掌握编辑H5的常用技巧。

◆ **内容故事化**：H5的类型和表现形式都很多，但受众最关心的还是内容是否有价值。将内容编辑成故事更容易引发用户的情感共鸣，提升H5的传播效果。

◆**多用场景：**将办公楼、住宅和地铁站等场景融入H5中，既能带给用户真实、熟悉的感觉，使其更容易接受宣传的信息，也能通过场景承载的品牌信息唤起用户的认知，从而加深其对品牌的印象。

◆**增加互动：**尽量在H5中加入互动的元素，让受众进一步体验所宣传的品牌或产品，提高其对品牌的认知度和对产品的购买欲望。

◆**提升参与感：**结合品牌或产品本身的特性及用户的喜好进行参与机制的设置。

◆**融入社交属性：**H5的设计中应融入能让用户分享的谈资，借助用户的社交网络进行传播。

5.5.3　H5 编辑工具

集文字、图片、视频、音频、地图、导航和产品链接等多个模块于一身的H5，是新媒体运营中常用的一种营销推广形式，而作为一名新媒体编辑，应能熟练操作H5的编辑工具。

1．常用的H5编辑工具

下面介绍几种新媒体编辑必备的H5编辑工具。

◆**易企秀：**易企秀是一款在线免费的H5编辑工具，操作简单、易于上手，可以看成移动版的PPT制作工具。其各方面的功能，如文本、图表和动画等设置都与PPT类似，非常适合刚入门的新媒体编辑使用。

◆**epub360：**epub360是一款专业级的H5编辑工具，它的企业用户较多，用户可轻松制作专业微杂志、微信小游戏等营销互动H5，并可直接通过微信发布。它还是一款支持SVG路径动画、SVG变形动画、精细化序列帧动画控制的H5编辑工具，同时还支持关联控制，能真正做到专业级的交互动画控制。

◆**iH5：**iH5是一款专业级的H5编辑工具，同时支持图片、音视频、网页等上传，功能较为强大，用户可以用它编写代码。它支持各种移动端设备和浏览器，能够制作出PPT、应用原型、数字贺卡、相册和广告视频等多种类型的H5。

◆**Adobe Spark：**Adobe Spark是Adobe公司推出的让用户制作社交图片、网页故事和动画视频等的编辑工具，包含制作视频的Spark Video、制作简单网页页面的Spark Page和针对不同社交网页提供各式模板的Spark Post这3款App，以及将这3款App功能合一的网页版软件。

2．编辑界面

这里以易企秀为例。进入易企秀官方网站后，注册并登录账户，然后选择一个H5模板，即可进入编辑界面，如图5-22所示。其编辑界面由功能按钮区、编辑区、样式展示区和图层页面区组成。

图 5-22　易企秀的编辑界面

◆**功能按钮区**：功能按钮区用于显示编辑中的常用功能菜单，包括文本、图片、背景、组件和表单等菜单，以及预览和设置、保存、发布与退出等按钮。将鼠标指针移动到菜单按钮上，将展开对应的功能菜单；或者单击菜单按钮，打开对应的功能选项窗口，在其中进行功能设置。

◆**样式展示区**：样式展示区中主要显示H5模板的各种分类，单击左侧的选项卡，即可在展示区右侧显示对应的各种素材样式。将鼠标指针移动到某一个素材样式上，可以预览该样式，单击预览页中的"使用"按钮，可将该样式添加到H5的当前页面中。

◆**编辑区**：在编辑区中，可以对H5页面中的各种元素进行编辑。

◆**图层页面区**：H5中通常包含多个页面，一个页面也可能包含多个素材，所以对这些元素进行编辑需要通过图层页面区进行选择。单击对应的选项卡，然后在下面的列表中选择，即可在编辑区中编辑对应图层中的某个元素，如图5-23所示。

图 5-23　通过图层页面区选择编辑区中的元素

145

3．编辑步骤

利用易企秀编辑H5通常有比较规范的流程，主要包括以下几个步骤。

◆**步骤1，选择H5模板：** 打开易企秀网站，登录账户，然后单击"免费模板"超链接，打开模板网页，再根据分类或者通过搜索的方式，找到需要的H5模板。

◆**步骤2，预览模板：** 单击需要的模板，打开窗口预览该模板，单击"立即使用"按钮即可打开编辑界面，并将该模板保存到用户的编辑场景中。

◆**步骤3，编辑H5：** 对编辑区中H5的各个图层和图层中的所有素材进行编辑，包括文本、图片、音乐、背景、各种组件和特效等。

◆**步骤4，预览和设置：** 在功能按钮区中单击"预览和设置"按钮，预览H5的效果，也可以对H5的封面内容、翻页方式、作品访问状态和品牌信息等进行设置。

◆**步骤5，发布内容：** 在功能按钮区中单击"发布"按钮，即可打开发布窗口，将制作好的H5发布到新媒体平台中。

5.6 » 知识拓展——其他新媒体编辑工具

作为一名新媒体编辑，在工作过程中还可能涉及表单制作、自媒体发布、思维导图制作等很多辅助性的工作，这时就需要用到相应的专业平台或工具。下面就介绍新媒体编辑需要了解和使用的其他一些平台与编辑工具。

（1）自媒体平台

新媒体编辑可以在自媒体平台上编辑和推送各种文案。常用的自媒体平台如下。

◆ 微信公众平台。

◆ 头条号。

◆ 一点号。

◆ 搜狐号。

◆ 简书。

（2）用户调研工具

新媒体编辑需要设计制作表单或问卷，大量搜集反馈数据，并进行管理和分析，这时就需要用到一些用户调研类的工具软件。

◆ 麦客。

◆ 问卷网。

◆ 问卷星。

◆ 表单大师。

◆ 乐调查。

◆ 金数据。

（3）思维导图工具

新媒体编辑经常需要利用思维导图来向客户或主管清晰地展示整个新媒体运营的思路，因此可能会需要如下这些专业的思维导图工具。

◆MindManager。

◆凹脑图。

◆ProcessOn。

◆MindMaster。

◆XMind。

（4）其他辅助工具或网站

新媒体编辑在工作过程中也可能用到其他一些辅助工具或需要登录相关辅助网站，进行如语音转文字、二维码生成、知识学习、多媒体格式转换等工作。

◆**新媒体知识学习**：知乎。

◆**二维码生成器**：联图网。

◆**语音转文字工具**：讯飞听见。

◆**文字合成配音**：讯飞配音。

◆**多媒体格式转换工具**：格式工厂。

◆**字体转换**：第一字体转换器。

◆**上传图片找字体**：求字体网。

◆**文件、视频、音乐、图形转换**：各种在线文件转换工具或网站。

第6章

运营推广

在完成了选择主题、创作文章、编辑图文、发布内容这些工作后，新媒体编辑接下来就需要在平台中推广内容。当然，内容本身不是一个产品，但是内容却是产品运营推广的重要载体，运营推广的目的就是要带来实际的经济利益。对于新媒体编辑来说，工作远不止编辑和发布几篇微信、微博文章那么简单，一个合格的新媒体编辑还需要掌握运营推广的相关技能，例如营销策划、提升流量、吸引用户、筹备活动等。本章就从用户运营、活动运营和内容运营等方面来介绍新媒体运营推广的相关知识。

6.1 » 了解新媒体运营

运营是指围绕产品而展开的一系列计划、组织、实施和控制，是与产品生产和服务密切相关的各项管理工作的总称。新媒体运营则是指通过微信和微博等新媒体平台进行产品或品牌的宣传、推广和营销，向用户广泛或精准地推送消息，提高用户的参与度和产品的知名度，从而达到相应营销目的的活动。

6.1.1 新媒体运营的具体工作

新媒体编辑的运营工作主要是依托移动互联网媒体进行的，包括微信、微博、新闻客户端、自媒体平台等。具体工作如下。

◆ 了解用户需求，收集用户反馈的信息，分析用户行为及需求。

◆ 负责微信和微博等以手机终端为主的移动互联网自媒体平台的日常运营及推广。

◆ 独立运营微信公众号，为用户、粉丝提供优质的、有高度传播性的内容。

◆ 策划并执行微信营销线上日常活动，跟踪用户行为，维护用户，根据项目向目标用户发送各种微信内容。

◆ 拉新（拉进新用户）、促活（促进用户活跃度），增加用户、粉丝数，提高关注度和粉丝的活跃度，及时与粉丝互动。

◆ 挖掘和分析用户的使用习惯、情感及体验感受，及时掌握新闻热点，有效完成专题策划活动。

◆ 紧跟微信的发展趋势，广泛关注标杆公众号，积极探索微信运营模式。

6.1.2 新媒体的整合运营策略

新媒体其实是一个粉丝聚合的平台。粉丝包括客户和用户两种类型：客户是指产生消费行为的人；用户则是在新媒体运营中表现为关注内容的人，他们或许会成为潜在的消费者，但最初可能只是被内容中的某种因素所吸引。新媒体需要针对不同粉丝采取不同的运营手段，也就是说，新媒体运营策略中最重要的就是粉丝运营。新媒体整合运营就是要整合所有的资源，让其为企业所用。对于新媒体编辑而言，不能局限于爆文的打造，还需要运用线上思维、平台思维、用户思维等整合运营的思维方式来经营粉丝，因此更多的是需要学会平台运营的方式。

新媒体的传播方式多样、速度快，其广度、深度都不是传统媒体可以比拟的。很多受众不一定是产品或服务的拥护者，可能仅仅是出于对企业品牌理念的认可或者是被活动内容所吸引等，就直接变成了粉丝。所以，根据粉丝聚合平台和分享传播这两个重要的影响因素，可以为新媒体的整合运营制定以下运营策略。

1. 战略层面

在新媒体运营的战略层面，由于新媒体本身就拥有成本低廉、传播速度快、覆盖范围广等诸多优点，利用新媒体对品牌进行传播具有极大的优势与潜力。因此，作为一名新媒体编辑，要充分意识到新媒体为内容传播所带来的机遇，从而根据内容自身的特点选择并利用合适的新媒体平台进行宣传。

2．战术层面

在进行新媒体运营时，应将受众群体定位于青年，因此传播形式和传播内容也务必吸引青年。要想获得更多的粉丝、获得更大程度上的传播推广，就必须拥有多个有价值的输出渠道，这样才能保证新媒体的活跃度。

新媒体运营的输出渠道包括微信、微博等。从历史经验看，新媒体粉丝的活跃度会随着时间的推移而降低，新媒体运营通常通过建立多平台多渠道互动的方式来保持粉丝的活跃度。例如某一篇朋友圈中的爆款文案，不可能只在微信平台内传播，还可能在微博或其他多个新媒体输出渠道中被粉丝分享传播。所以，编辑在进行新媒体运营时，需要建立多个有价值的输出平台，这样不仅可以获得更多粉丝，使信息得到更广泛的传播，还能使整个新媒体运营变得立体。

3．执行层面

新媒体运营在执行层面的策略是准确定位内容传播的目标受众，因为有效的内容传播对于内容占据受众内心位置和塑造品牌的竞争力具有重要作用。新媒体已经成为非常重要的内容传播工具，企业为了实现自身的可持续发展，除了继续使用传统媒介进行内容传播外，还需要加强新媒体渠道的内容传播。在新媒体运营的过程中，为了最大化实现内容传播的目标，只有分析当前使用新媒体的受众的特征，了解受众使用新媒体的方式以及接受新媒体的程度，才能对受众有一个精准的把握，才可以投其所好地对他们进行有针对性的内容传播。

6.1.3 新媒体运营的常用思维

新媒体编辑需要在运营中脱离传统营销的框架，在互联网新媒体的背景下，利用新的运营思路，打开新的营销通道和市场。因此，成功的新媒体编辑必须用正确的思维来适应不断变化的营销环境，为目标受众创造价值。

1．线上思维

线上的含义通常是指新媒体，通过新媒体传播信息就称为线上活动；相对地，在实体店的销售活动或者面对面销售的活动形式，就称为线下活动。新媒体需要通过线上运营来覆盖所有的受众人群，向受众提供更符合其需求的产品和服务。新媒体线上运营信息传递的快捷性、便利性和准确性超越了以往的任何媒体，并实现了精确的分众化传播，使信息准确到达每个目标受众。这就需要编辑在进行新媒体运营时，思考以下几种特性。

◆ **互动性：**新媒体运营中的受众参与了品牌塑造和内容传播的过程，是内容的推广者。编辑需要增强与受众的互动，快速获取第一手信息，找到受众真正的需求和痛点，从而激发受众内心深处的好感，建立感情的连接。

◆ **碎片化：**新媒体受众接收的内容和传播的时间是碎片化的，新媒体运营必须满足这一特性，例如在短时间内让受众接收，快速与受众建立良好的互动关系等。编辑在运营时必须考虑如何全渠道覆盖受众更多的碎片化时间。

◆**粉丝经济：**新媒体运营其实是通过售卖受众的注意力及影响力，从而向第三方获取利润的过程，这就是所谓的"粉丝经济"。编辑在运营过程中必须以受众为中心，用品牌理念和价值吸引受众，引导受众积极互动。

👤 **专家点拨**

> 一个完整的新媒体运营是线上、线下的有机结合，线上运营包括内容制作、吸粉、互动和营销推广等，线下运营则包括海报宣传、活动推广和商业合作等。线上和线下运营的优先级是不同的，需要根据运营活动的实际情况进行区分。

2．平台思维

平台思维是现在非常主流的营销模式，受众通过新媒体平台接收和传播信息，并参与创造内容，这就要求企业要善于利用新媒体平台与受众进行沟通和交流，再通过新媒体平台实现市场推广。新媒体编辑具有平台思维可以帮助企业加强与受众的沟通，升级组织管理和商业运作模式，改变企业生产、销售、营销的整个形态。

运用平台思维可以为企业带来良好的营销效果，通过新媒体运营传播，企业可以实现产品与受众的直接连接，促进产品在受众社交范围内的传播，实现产品和品牌的裂变式推广。例如北冰洋汽水的复兴就和新媒体平台的营销传播分不开，该产品在上市之初就通过在朋友圈和微博等新兴媒体平台上发布文案来唤醒消费者的旧时记忆，获得那些有着怀旧诉求的一群人的认可，然后又引起微信等营销账号的借势传播，迅速引起了一大批受众的关注和讨论，成功吸引了大家的注意，影响到年轻一代的消费者，最终获得成功，如图6-1所示。

图 6-1　新媒体平台中的汽水宣传文案

3．用户思维

用户思维其实是一切营销思维中最本质、最核心的思维，因为用户的需求是营销工作的导向，运营的一切活动都应该以用户为核心。在新媒体领域，运营的目的是通过用户获得利益，服务好用户就是做好运营。

（1）以用户为中心

用户思维要求编辑的运营活动和内容创作等各个环节都要以用户为中心，编辑要深度理解用户的需求，通过用户体验增强产品或品牌的生命力。用户的反馈信息越多，产品研发越能紧跟用户的需求步伐，编辑的内容就越容易获得用户的认可。

（2）用户思维的运营

用户思维的运营是一种更加人性化的运营，在运营中找到用户心理的共同点、用户的卖点和痛点，更容易提升运营效果。

◆ **用户心理的共同点的运营：** 找到用户群体的共同特征，然后针对其共同心理特征将产品或品牌推广出去，吸引用户主动汇聚。

◆ **用户卖点的运营：** 在产品的不同阶段可以打造不同的口碑重点。例如某矿泉水品牌的卖点进化史，从最初的"有点甜"，以口感承诺做诉求差异化，借以暗示水源的优质，使该矿泉水品牌形成了在用户心中的感性偏好、理性认同的整体策略；到后来的"我们不生产水，我们只是大自然的搬运工"，抓住了用户注重健康的心理，大力宣传健康的理念，宣传产品不是添加人工矿物质生产加工出来的。通过不同的用户卖点运营及差异化策略，该矿泉水品牌与竞争对手拉开了距离。

◆ **用户痛点的运营：** 强调现有产品的优势，满足用户的期望，让用户感觉他需要这个产品。例如经常在厨房洗碗的女性遇到的最大问题是洗洁精对手部皮肤有伤害，而使用伤害较小的洗洁精又会造成油污残留，无法洗净。某洗洁精品牌就抓住用户的这一痛点，编辑了其宣传文案"不伤手，无残留"，满足了用户的期望，也实现了产品的销售目标。

4．品牌思维

品牌是企业的无形资产，也是产品的附加价值，很多营销渠道的选择、营销价格和促销模式的选择，都建立在品牌影响力的基础上。新媒体编辑无论是进行文案创作还是运营推广，具备足够的品牌思维都是非常重要的。

（1）打造品牌概念

品牌直接影响受众对产品的认知、认可、评价以及对内容的感兴趣程度，因为受众通常会优先选择品牌知名度和美誉度更高的产品。因此，编辑应全力打造品牌概念，使品牌在受众心中形成独特的标识，并通过提升产品或服务的品质来强化受众对品牌的认知。

（2）提升产品品质

在互联网经济下，大多数产品都处于供大于求的状态，企业如果不能保证产品的品质，将很难在市场中站稳脚跟。互联网经济时代的竞争是认知的竞争，是受众的竞争；对品牌和产品的认知，很大程度上决定了受众的消费观念；无法得到认可的产品和品牌将难以传播。所以，新媒体编辑在运营过程中，必须具备品牌思维，通过提升产品品质来增加品牌的价值和内涵。

（3）提升服务品质

新媒体环境下的受众需求更加个性化，为了满足各种需求点，提供完美的使用体验，促成受众对品牌的传播，企业必须提供更极致的服务。在品牌营销过程中，通常把产品和服务看成品牌的两大组成要素；而在新媒体运营的过程中，服务品质也是品牌思维的重点，对于很多无法在品质上超越竞争者的产品来说，企业的服务才是营销的关键。这是新媒体编辑在运营过程中需要着重注意的一点。

5．免费思维

互联网经济带给消费者最大的好处就是实惠，借助免费的商业模式，企业不仅能快速吸引巨大的流量，还能迅速打开产品的市场，甚至获得巨大的经济利益。当然，免费运营模式的目的并不是单纯地提供免费产品和服务，企业会通过免费模式达成收费的目标。新媒体运营中常见的免费模式主要有以下4种。

◆ **先免费消费，再付费消费：**先为用户免费提供产品或服务，同时在基本功能的基础上进行二次开发，提供更多、更好、更实用、更便捷的功能或服务。这些功能或服务就需要用户付费消费。例如很多新媒体视频网站，只有付费的用户才能观看一些最新的视频，且不需要观看广告。

◆ **间接收费：**先对一部分用户或一部分功能免费，再通过这部分用户背后的隐形消费或其他功能来盈利，这种模式通常都带有附加条件。例如最常见的"0元购手机"活动，表面上是用户免费得到了一个手机，但这通常需要用户先充一定数额的话费，或者每月消费一定的话费。

◆ **交叉免费：**向一方免费的同时向另一方收费，让收费和免费交叉进行。例如某平台同时面向买方和卖方开放，为了实现双方的利益交换，达到交叉免费，一部分功能向买家免费、向卖家收费，一部分功能向卖家免费、向买家收费等。

◆ **暂时免费：**类似分期付款的一种模式。用户可以通过信用担保分期偿还购买款。这种模式分散了用户的一次性购买压力，刺激用户进行购买。

6.1.4 **新媒体运营的能力构成**

在新媒体中，运营可以独立成为一个岗位，也可以作为编辑工作的一项重要职责而存在。也就是说，新媒体编辑如果要进行运营操作，除了具备新媒体编辑的基本能力外，还需要掌握新媒体运营的一些专业技能。

1．基本能力

新媒体运营的基本能力与新媒体编辑的基本要求类似，主要包括文字功底和写作能力、设计和策划能力、营销能力、数据分析能力和多媒体剪辑能力等。

2．运营专业能力

运营专业能力则是普通编辑工作没有要求但对新媒体编辑非常重要的工作技能，包括以下几点。

◆ **用户需求洞察能力：** 能够在细节中敏锐地洞察用户的需求、心理状态、兴趣点等，并能够做出有针对性的运营内容，达到良好的运营效果。

◆ **渠道整合能力：** 新媒体运营者要想使运营效果最大化，就需要不断整合内外渠道，如内部的线下门店、户外广告、线上账号等，外部的合作公司、行业网站、热门自媒体等。

◆ **项目管理能力：** 在新媒体运营过程中，每一个项目通常都会涉及多部门合作及资源整合，项目的推进需要计划、沟通、协作、执行、反馈等步骤，因此运营者需要具备一定的项目管理能力。

◆ **人际沟通能力：** 运营者既然需要担负桥梁的作用，那么对内对外的人际沟通能力就是必不可少的。

👤 **专家点拨**

新媒体编辑和新媒体运营还是有一定区别的。在具体工作上，新媒体编辑主要是根据新媒体运营的需求，对内容（如文案、图片、视频、活动等）进行编辑。也就是说，新媒体运营是整体管控，根据整体数据去调整方略；新媒体编辑更多的是负责内容创作，根据需求去调整并优化内容。

6.1.5 新媒体运营的工作流程

新媒体运营是整体的，新媒体编辑是局部的，新媒体编辑的工作包含在新媒体运营之中。但很多企业为了节约人力资源，需要新媒体编辑具备一定的新媒体运营能力，将新媒体运营的大部分工作归入新媒体编辑的工作范围内。一个完整的新媒体运营工作流程至少应该包括初期筹备、制定目标、制造内容、执行反馈4个环节。

1．初期筹备

运营活动的前提是产品或服务能够解决用户的问题，或者满足用户的需求。这就需要新媒体编辑在前期做好筹备工作，以保证在后续运营工作中更精准地找到目标用户，并采取合适的手段与用户建立关系，这也是新媒体运营的基础工作。如果缺少了这些基础，后续的运营工作将变得毫无意义。初期筹备工作主要包括以下几点。

◆ **用户画像：** 通过调研、访谈等手段将目标用户的年龄、性别、兴趣、生活和浏览习惯等信息抽象成标签化的模型，为目标用户画像，分析用户的需求及需求度。

◆ **产品分析：** 分析产品能够解决哪一种类型的用户需求，并分析对应的解决方式，结合用户画像的结果对产品进行系列优化，以求更好地满足不同用户的需求。

◆ **竞品分析：** 收集竞品信息，分析竞品的营销模式、存在的问题等，总结出自己产品相对的优劣势。

◆ **运营策划：** 在开展具体工作前进行营销的目标分析、方式确认和创意讨论。

2．制定目标

制定目标是新媒体运营工作的第2个环节，主要工作是设定运营目标并制订相应的计划。

◆ **设定目标：** 任何岗位的工作通常都需要设定目标，对于新媒体运营来说，工作的最终目的是把潜在用户转化为付费用户，实现营销目标。对于新媒体编辑的运营工作来说，可以将目标量化为文章阅读量、用户增长量、用户活跃度和购买转化率等具体的数据。

◆ **制订计划：** 制订计划就是把目标中的某项指标拆解为每月的工作安排，再拆解为每周的工作安排，甚至是每天的工作安排。

3. 制造内容

制造内容被看成新媒体运营的主要工作内容。内容生产环节是新媒体运营工作流程中占据时间比例最大的，是新媒体编辑工作中最重要的部分。

◆ **做好选题：** 做好选题的目的是让运营内容能够更好地吸引用户。

◆ **内容呈现：** 内容呈现就是创作不同形式的内容的过程，内容的形式包括文字、图片和音视频等。

◆ **内容投放：** 根据目标用户画像，选择合适的新媒体渠道和平台进行推广，需要了解平台的推广特性，掌握推广账号的后台管理机制。

4. 执行反馈

执行反馈的过程其实就是搜集和分析用户数据的过程。执行反馈的目的是进一步优化内容制造和渠道选择，以更好地实现设定的目标。

◆ **内容制造：** 新媒体运营需要根据数据的反馈筛选出目标用户最感兴趣（阅读量）的选题及其内容，以及目标用户的阅读习惯（查阅时间），然后根据反馈为后续的运营提供更精准的内容制造和内容推送。

◆ **渠道选择：** 由于新媒体的发展速度太快，各种新媒体平台数量巨大、类型多样，新媒体编辑和运营不可能将内容推广到每一个平台。这就需要通过数据的反馈，筛选出推广效果最好的平台，有重点地进行内容投放。

6.1.6 新媒体运营的职业发展路径

在与新媒体相关的企业中，运营的岗位通常有3类（名称可能不同），按照工作内容的不同，大致可以将其职业发展路径归纳如下。

◆ **新媒体运营专员：** 负责具体的运营执行，相对更专注于细节，包括内容、产品、用户和活动4种场景的运营专项。

◆ **新媒体运营主管：** 负责运营活动的重点工作，并督促提高执行的效率。

◆ **新媒体运营总监：** 负责整个运营活动的战略规划。

6.2 » 内容运营

内容运营是一种运营策略，是指基于内容进行策划、创意、编辑、发布、优化和营销等一系列与内容相关的工作。它通过内容创建、发布及传播，向用户传递有价值的信息，从而提升与内容相关的数据，包括内容的发送量、浏览量、评论量和转发量等。简而言之，内容运营的目标就是满足用户对内容的需求，传递产品的定位和调性。

6.2.1 内容运营的作用

内容运营中的内容有两层含义，一是指内容的形式，二是指内容的渠道。

◆ **内容的形式**：用户可以通过手机或计算机浏览文章、海报、视频或音频等数字内容，内容运营需要对这些数字内容进行编辑和营销。

◆ **内容的渠道**：用户浏览的互联网内容一般来自公众号、朋友圈、微博、门户网站、网络社区等内容渠道。内容运营需要相应的运营者将内容布局在相应的内容渠道中，与用户的内容浏览习惯相匹配。

所以，内容运营对新媒体运营的整体效果起着至关重要的作用，主要表现为以下3个方面。

◆ **提升营销的质量**：新媒体运营的主要目标是实现经济效益，使普通用户转化为付费用户，也就是实现转化。而优质的内容运营能带来更高的转化率。

◆ **提升知名度**：新媒体运营的另外一个目标就是提升产品或品牌的知名度。用户可以通过内容来了解产品或品牌，优质的内容可以让更多用户接触到产品或品牌，从而达到推广目的。

◆ **提升参与感**：新媒体运营更加需要与用户的持续性互动，设计具有创新性和话题性的内容，可以引导用户参与互动，提升用户的参与感。

6.2.2 构建内容运营的框架

内容是新媒体运营的核心部分，新媒体运营需要面对庞杂的内容，并厘清其中错综复杂的关系，向用户展示产品的重要竞争力。这就需要构建内容管理的具体框架，理顺内容运营的关系。虽然不同新媒体平台的内容有差异，但基本的运营框架是一样的，如图6-2所示。

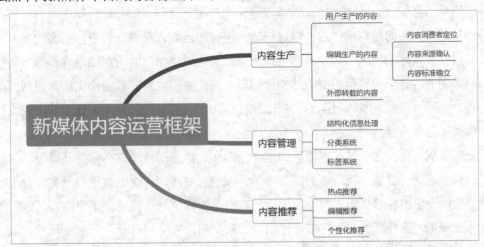

图 6-2　新媒体内容运营框架

1. 内容生产

新媒体编辑在开始内容运营工作时，首先要解决内容生产的问题，如谁在生产内容、他们对付出和收益是否满意、这种生产机制是否是可持续的。内容生产是内容运营的基础，只有生产出内容，才能进行其他各种运营工作。新媒体的内容生产包括用户生产的内容、编辑生产的内容和外部转载的内容。当然，编辑从头开始合法合规地搭建内容生产体系并生产优质内容，才是具有持久发展可能性的最佳方式。

◆ **用户生产的内容**：现在网络中的内容有很大一部分都来源于用户的生产，博客、论坛、社区和自媒体中的内容几乎都是用户生产的。目前典型的用户生产内容的平台包括知乎（社区）和简书（博客）等。

◆ **编辑生产的内容**：这里的编辑是一个名词，这种内容生产者在该领域具有专业的能力和知识，例如报社的记者、电视台制作团队等。这种内容适用于对专业性有要求、门槛较高的平台，例如视频节目、电台节目、大众音乐平台，往往只有专业人士才能生产出受众喜爱的内容。

◆ **外部转载的内容**：这是一种比较轻松的内容生产方式。由于版权保护的问题，编辑需要通过正规渠道联系作者得到授权许可，然后才能转载外部的内容。也就是说，这是一种不稳定的内容生产方式，只能在某些时候解决内容缺乏的问题，要想长期发展，必须有稳定的内容生产来源。

2. 内容管理

接下来，面对越来越多的内容，就要开始构建完善的内容管理系统后台，要处理这些问题：内容库存是否管理有序、能否快速地把所有内容分门别类、是否能够为后续的内容推荐提供充分的支撑。新媒体编辑可以搜集海量的以各种方式生产的内容，然后需要像库存管理一样把这些内容保存起来，以便在进行内容编辑时能够迅速搜索并使用。新媒体运营过程中的内容管理通常有以下3种方式。

◆ **结构化信息处理**：结构化信息处理就是在内容生产之前，先设计合理的内容管理系统，然后抽取内容的结构化信息，通过机器的保存和运营人员的管理进行内容的生产与使用的过程。良好的信息结构是内容生产的基础，这里结构化的信息就是内容的各种特性，同类型的内容一般具有相似的结构化信息。例如文案内容，其结构化信息包括标题、作者、产品、品牌、发布日期等，通过这些结构化的信息，运营人员就能非常轻松地搜索和使用这些内容。

◆ **分类系统**：分类是一种逻辑梳理的过程，结构化信息同样建立在分类基础上。分类系统最典型的例子就是传统行业的图书分类，以及互联网时代的电商平台分类。分类的目的是提供一个内容选择的入口，方便用户对海量的内容进行筛选。相似内容最好用统一的分类规则，这样既尊重用户的选择习惯、减少用户的学习时间，又遵守行业规范，减轻运营人员的工作负担。

◆**标签系统：** 标签系统是分类系统的有益补充，是一种更加细化和灵活的分类系统，更加适合互联网时代。例如传统的图书分类，一本书一般只能出现在某个标准的位置；而在电商平台，可以为一本书设置多个标签，只需要搜索其中的一个标签就可以找到。新媒体平台几乎都具备个性化的推荐系统，它通过对用户历史搜索和浏览习惯的分析，为其推荐各种相关的信息，这类系统都是建立在标签系统基础上的，例如淘宝的"猜你喜欢"、百度的"用户推荐"等，如图6-3所示。

图 6-3　基于标签系统的用户个性化推荐

3．内容推荐

面对众多的平台和海量的内容，用户没有太多的时间花费在搜索内容上，也正是基于此，内容运营的最后一道程序就是内容推荐，即以不同的方式向用户推荐各种内容。

（1）热门推荐

在所有的新媒体平台中，热门推荐是最常见的一个内容模块，例如各种搜索排行、文章排行、销量排行等。一方面，这是因为不少用户不愿花太多时间搜索内容，通过热门推荐，他们便可以在尽可能短的时间内获取平台最热门的信息。另一方面，对于第一次登录平台的用户来说，个性化推荐发挥不了作用，而利用热门推荐直接展示其他用户最喜欢的内容，这样的内容有很大的概率能迎合新用户的喜好。

热门推荐是一种技术上简单且非常流行的推荐方式，其最大的弊端在于内容上容易产生"马太效应"。在热门、排行榜的影响下，登录平台的大部分用户行为是趋同的，结果就是热门的内容也会趋同，而其他很多新的内容则无法呈现给用户。所以在内容运营的初期，可以通过热门推荐进行内容构建；而在平台成熟、用户群体稳定之后，则需要更换其他的内容推荐方式，热门推荐则保留为一个产品模块即可。

（2）编辑推荐

在内容运营的过程中，随着用户和内容数量的增加，可以利用编辑推荐的形式代替热门推荐。编辑推荐就是基于数据分析和用户反馈的信息，并结合运营人员的主观判断，通过官方渠道给用户推荐的内容。编辑推荐的内容主要是为了弥补热门排行推荐的不足，内容通常比较新鲜、新奇、有创意，且质量较高。在很多新媒体平台，例如微信、微博中，最热门的内容依然是情感话题，很多其他方面的内容就不容易得到用户的关注；这时，运营人员需要选择更加有新意的内容在首页进行展示，以吸引用户的关注和浏览，帮助这些内容成为新的热门推荐。这样，热门排行榜中的内容在不断地变换，平台中的多数内容都能得到用户的浏览，新鲜、优质的内容得以曝光。这样良性的循环才能保证平台的正常运行，实现运营、编辑、用户和各种品牌及产品的和谐生存。

（3）个性化推荐

现在的很多新媒体平台都有海量的内容和用户，仅依靠热门推荐和编辑推荐，无法完成所有内容和用户的"生态平衡"，这时就需要利用一种技术来处理这个问题。目前的很多新媒体平台，包括音乐、视频、新闻和电商等，内容运营的主要方式就是内容的个性化推荐，通过向不同的用户定向推荐内容，把库存的大量内容盘活，推荐给最合适的目标用户，既能极大地提升内容推荐的效率，又能获得商业上的巨大回报。个性化推荐具有以下3种常见的推荐方式。

◆ **基于用户的推荐（User-based）：** 利用用户的相关信息，例如年龄、职业、爱好等特征，找到与其相似的用户，然后根据相似用户的内容浏览和消费习惯，将对应的内容推荐给该用户。

◆ **基于物品的推荐（Item-based）：** 根据用户浏览过和消费过的内容，找到相似的内容进行推荐。

◆ **基于物品特性的推荐（Modle-based）：** 提取用户浏览过和消费过的内容的特征，找到更多相似的内容，然后进行推荐。

专家点拨

内容运营过程中的生产、管理、推荐3个方面，是所有新媒体编辑都要面对的。正确地理解和运用内容运营的框架，则标志着新媒体编辑从"编辑"正式升级为"运营者"。

6.2.3 内容运营的核心环节

高质量的内容如果能引起情感共鸣，就更容易获得用户的关注和转化，关注度和转化率的提升也意味着产生经济效益的概率在提升，所以内容运营是新媒体运营的核心部分。新媒体的内容运营通常包括6个核心环节，新媒体编辑在进行运营的过程中，必须完成这6个步骤，才能保证内容运营的完整性。

1. 战略定位

战略定位是内容运营的第一个环节，为下一阶段的内容运营提供运营指向。它包含内容选题和推广平台两个方面的定位。

（1）内容选题的战略定位

内容选题的目的是策划下一阶段的主要的内容、形式等，并做成计划表，作为下一阶段的内容运营总纲。内容选题的战略可从以下两个方面考虑。

- ◆ **内容的风格及策略：** 可分为热点性内容、时效性内容、持续性内容、方案性内容、实战性内容、促销性内容等。
- ◆ **内容的表现形式：** 包括软文、新闻稿、视频、播客、博客、音乐、动画、图片、信息图等多种表现形式。

（2）推广平台的战略定位

新媒体内容运营平台主要包括博客、微博、微信、百度官方贴吧、论坛、网络社区和各种自媒体平台等。

2．内容策划

战略定位的具体工作是阶段性的内容设计，而内容策划的具体工作则是更具体的内容设计，主要包括以下几个方面。

- ◆ **运营背景：** 制作本次内容的目的。
- ◆ **产品受众：** 内容投放的渠道和该渠道的用户。
- ◆ **运营目标：** 内容投放的结果，如何处理品牌与内容的关系，如何最大化地实现品牌传播效果，如何与品牌整体战略相匹配。
- ◆ **策略与应对：** 针对用户可能遇到的问题，给用户提供的解决方案。

3．内容编辑

内容编辑主要是内容的具体创作编制，包括以下3个方面。

- ◆ **形式创意：** 根据产品或品牌的调性、用户习惯、渠道特点、竞品内容等设计别具匠心的表现形式，向用户展示内容。
- ◆ **素材整理：** 确定内容形式后就需要进行素材的搜集与整理，素材包括产品理念、内部数据、行业数据和近期热点等。
- ◆ **内容制作：** 根据上面步骤的执行结果，进行文案、H5和视频等内容的创作。

4．内容优化

内容优化是指对编辑完成的内容进行测试、反馈处理及优化；如果转化率低或反馈不好，则需要对内容进行优化与调整。

5．内容投放与传播

内容的投放是指把新媒体变成内容的入口，用内容吸引用户，使用户在内容所在的平台完成转化。内容的传播则包含两个方面的含义，一是吸引用户搜索信息，让用户主动获取内容；二是刺激用户分享内容，通过设计传播模式及便于传播的内容，引导用户将内容转发到朋友圈、微信群或其他平台，让内容在更多的平台中传播，获得更多的关注。

6．内容运营效果分析

在完成内容传播后，新媒体编辑可以通过查看新媒体平台中内容的阅读数、转发量和点赞数等，分析内容运营的总体效果，并总结在实施过程中出现的问题及收获的经验。

6.3 » 用户运营

用户满意与否是评价产品和内容好坏的唯一标准。新媒体运营要想做好产品和品牌的营销推广，就需要格外关注用户运营。用户运营属于运营的范畴，在用户生产内容的平台中最常见。它是指运营人员在工作中常以贴近、团结和引导用户等手段进行运营工作，特征表现为非常愿意和用户交流。

6.3.1 理解用户运营

活动运营、产品运营和内容运营这3种运营方式可以通过字面意思直观地理解其含义，它们都拥有运营的场景，通过活动、产品以及内容的编辑来实现运营的目标。用户运营则没有运营的场景，只有运营的对象，而这个对象也是其他3种运营方式所针对的目标。所以，在概念上，用户运营在新媒体运营中比较特殊。

用户运营做的事情很杂，不同的公司的要求可能会有所不同，但用户运营的核心目标就是吸引新用户和留住老用户。所以，可以将用户运营理解为以用户行为数据为基础，以用户激励与奖励为手段，不断提升用户体验、促进用户行为转化、延长用户生命周期价值的运营。

1．用户行为数据

新媒体运营离不开数据分析，特别是对于市场比较成熟、用户群稳定的产品或品牌而言，用户行为数据的重要性体现得更为充分。数据分析通常能给运营人员带来新的视界与新的运营方向。用户运营所分析的用户行为数据包括以下几个方面的内容。

◆ **用户规模与转化指标**：主要是针对用户数量和用户转化的行为进行数据分析。相关的主要数据指标包括产品下载量、用户独立访问量（UV）、每日活跃用户数（DAU）、新增注册用户数、消费转化用户数、每用户平均收入（ARPU）、各个环节的转化率、留存率、活跃率等。

◆ **转化率指标**：主要是针对用户使用产品或参加活动的行为进行数据分析。相关的主要数据指标包括产品/活动页启动次数、活动参与用户数、页面停留时长等。

◆ **用户渠道分析指标**：主要是针对不同渠道和平台的用户数量、金额和趋势变化的行为进行数据分析。相关的主要数据指标包括渠道数量、渠道流量、各渠道转化率、各渠道投资回报率（ROI）等。

◆ **功能分析指标**：主要是针对用户使用App过程中转化的行为进行数据分析。相关的主要数据指标包括各页面按钮点击量、页面访问量、页面流失率等。

◆ **用户画像分析指标**：主要是针对用户的基本行为和属性对用户进行画像。相关的主要数据指标包括用户的性别、年龄、学历、籍贯、信用级别、消费行为习惯等。

2．用户生命周期价值

用户生命周期是指从一个用户对企业进行了解或企业欲对某一用户进行开发开始，直到用户与企业的业务关系完全终止，且与之相关的事宜完全处理完毕的这段时间，大致分为引入期、成长期、成熟期和流失期。用户运营不仅要留住用户，更重要的是要让用户创造价值——用户生命周期价值（Customer Lifetime Value，CLV）。由于运营的行为无法阻止用户的流失，所以，用户运营的主要工作是延长用户生命周期价值。若以用户生命周期价值为中心，可以推导出这样一个公式：运营价值 = CLV − CAC（获客成本）− COC（运营成本）。其中，各部分的含义如下。

- **CLV**：用户生命周期中所创造的价值，包括引入期和成长期用户的购买金额、老用户带来新用户的利益等。
- **CAC**：包括渠道成本、推广成本和流量成本等。
- **COC**：包括短信渠道成本、活动奖品成本和人工成本等。

3．用户激励与奖励

用户激励与奖励是用户运营中主要的行为方式，可以依据用户的行为喜好、付费转化率等因素进行制定，也可以依据用户生命周期制定。

- **用户引入期**：这一时期因为有大量流量进入，运营的重点是使用户留存并产生一定的黏性。在用户引入期留住用户的常用方式就是发放高价值、低门槛、使用期限短的优惠券，图6-4所示为输入手机号领取优惠券。

图6-4　在用户引入期的用户激励与奖励方式

- **用户成长期**：这一时期因为用户（不一定是付费用户）开始了解产品，运营的重点是使用户在产品使用中体验一定的趣味性并产生用户黏性。这一时期常用的用户激励与奖励手段就是实物奖品（往往会选择近期热门的3C类产品），这类实物曝光率高，且自身价值较高，加大了奖品的吸引力，是博得眼球与关注的好方法。
- **用户成熟期**：这一时期因为大部分用户已转化为付费用户，所以运营的重点是使付费用户进行二次付费，甚至多次付费，培养付费用户的忠诚度。具体的运营手段可以是通过付费用户对产品或品牌的信任与认知"以老带新"，发展新的付费用户。移动支付App的分享好友红包翻倍、外卖App的分享红包，都是以老带新的表现形式。

◆ **用户流失期**：这一时期因为用户的活跃度直线下滑，有的甚至休眠，所以运营的重点是让这些用户活跃起来。由于用户的激励和运营存在临界点，超过临界点就无法再优化了，所以在用户流失期必定存在一个用户流失的临界点，企业需要利用一切用户激励与奖励手段，通过精准营销来降低老用户的流失率；同时也要通过增加外部流量的方式发展新的用户，降低突破临界点带来的用户损失。

6.3.2 用户运营的核心环节

新媒体运营最核心的任务就是获取用户，然后通过持续的运营行为留住用户。新媒体行业中的所有工作都要紧紧围绕这一点来进行，其他任何岗位的工作都必须指向这个任务。

通俗地说，用户运营就是解决用户怎么来，来了怎么使其活跃，用户活跃之后怎么留存他们，留存之后怎么使其付费，用户付费之后怎么使其进行口碑传播等问题。其实就是获取用户、提高用户活跃度、提高用户留存率、获得经济收益和引导用户进行口碑传播5个核心环节。

1．获取用户

获取用户是指通过用户画像、调查、需求分析等工作，确定目标用户群，并最大限度地将其转化成自己的用户。获取用户这个阶段最主要的目标是促使潜在的目标用户转化成产品的用户，促使其开始使用产品。获取用户经常用到的推广策略和方法有以下几种。

◆ **使用第三方登录**：新媒体平台允许用户利用QQ、微信或微博等第三方开放接口登录，这样既可以带来一定的用户流量，也可以获取用户很多有用的信息。

◆ **利用名人效应**：利用专家列表、微博名人和论坛红人等吸引更多用户的关注。

◆ **发布软文**：在新媒体平台发布关于产品或品牌的软文，增加曝光度。

◆ **通过一些小工具**：例如社交媒体的小图片制作、微博挂件、各种签名档、共享书签和浏览器插件等。

◆ **广告植入**：在广告中突出显示产品、Logo、包装、品牌名称以及企业吉祥物等，或者通过台词、道具、场景、奖品、软文和案例等提及产品或品牌。

◆ **利用关键词**：进行搜索引擎优化或者利用关键词进行百度竞价推广。

◆ **病毒式营销和饥饿营销**：利用限时限量，甚至免费等方式，激发用户争抢稀缺资源。

◆ **利用论坛**：在主流论坛创建账号、策划事件、引发转载等，吸引用户的注意。

◆ **创意推广**：创意推广的投资回报率最高，一些有创意的第三方应用很容易在短时间内获得大量的用户，例如每日英语听力，一上线就获得巨大的流量。

◆ **其他方法**：导航推广、QQ群或微信群推广、百科推广、图片和视频推广等。

> **专家点拨**
>
> 获取用户这个阶段最重要的不是下载量，而是下载之后的激活量。激发用户去使用产品需要注意两点：一是要设计精良的产品宣传文案，准确传达产品的核心价值，实现对用户的承诺；二是加强产品的新手引导，例如添加语音和视频等形式进行展示，目的是让用户感觉新鲜、有趣，引导其使用产品。

2．提高用户活跃度

用户活跃度会根据产品的不同而发生变化，通常情况下，用户运营将用户在指定时间内登录或启动一次，定义为用户活跃。对于移动端而言，每次启动平均使用时长和每个用户每日平均启动次数也是衡量用户活跃度的指标，且与用户活跃度呈正比关系。另外，产品各个版本的使用时长和启动次数也会对用户活跃度产生影响。

对于用户运营来说，用户活跃度的常见指标包括DAU（Daily Active User，日活跃用户数量）、WAU（Weekly Active User，周活跃用户数量）和MAU（Monthly Active User，月活跃用户数量）3种。这3种指标分别统计一日、一周和一月之内登录或使用了某个产品的用户数（去除重复登录的用户）。通常DAU会结合MAU一起使用，这两个指标一般用来衡量服务的用户黏性以及服务的衰退周期。提高用户活跃度常用的策略和方法主要有以下几种。

◆ **建立成长体系**：借鉴游戏产品的任务系统、经济系统和等级系统，例如每日打卡获得不同的奖励等，激励用户登录。

◆ **利用名人效应**：利用专家、微博名人和论坛红人等的活跃度来带动不活跃的用户。

◆ **利用从众心理**：利用用户的从众心理，引导用户从不活跃变得活跃。

◆ **线上线下活动**：经常性地组织各种促销活动或线下互动活动，给予参与的用户一些稀缺资源的奖励等，提升用户活跃度。

◆ **差异化服务**：对不同等级的用户实行差异化对待，用户级别越高，可以享受的特权就越大，充分给予高级用户尊重和地位。

3．提高用户留存率

用户留存率是衡量一个产品是否健康成长的重要指标之一。留存率反映的实际上是一种转化率，即由初期的不稳定的用户转化为活跃用户、稳定用户和忠诚用户的过程。通常情况下，用户留存率是由登录用户数和新增用户数两个指标决定的，其计算公式为：留存率 = 登录用户数/新增用户数×100%。其中各部分的含义如下。

◆ **登录用户数**：在统计的时间段至少登录过一次的用户数。

◆ **新增用户数**：在统计的时间段新注册并登录应用的用户数。

在新媒体用户运营过程中，存在一种"40-20-10"的留存率规则，意思是：如果想让产品的DAU超过100万，那么新用户次日留存率（当天新增且在第2天还登录的用户数/当天新增的用户数）应该大于40%，第7日留存率（当天新增且在之后的第7天还登录的用户数/当天新增的用户数）和第30日留存率（当天新增且在之后的第30天还登录的用户数/当天新增的用户数）应分别大于20%和10%。

提高用户留存率的主要策略和方法同提高用户活跃度基本一致，除此之外还有以下几种。

◆ **对流失用户进行定义和区分**：要提高用户的留存率，首先需要对流失用户进行定义和区分。不同产品的用户具有不同的特性，例如一款游戏，可能一天不使用就可以划分为流失，而购物软件一个星期不使用也不能划分为流失。

◆ **建立用户流失预警机制**：分析已经流失的用户数据和行为，找到用户流失的临界点指标，并建立相应的流失预警机制和解决方案。

◆ **建立用户流失挽回机制**：根据用户细分和分析流失用户的核心价值诉求，建立用户流失的挽回机制，提供个性化服务来满足用户诉求，挽回一定数量的用户。

4．获得经济收益

获得经济收益是用户运营的根本目标。经济收益主要是指让用户消费，或者让潜在用户直接转化成付费用户。在新媒体运营的过程中，提高经济收益才是用户运营的主要工作。常见的提高经济收益的主要策略和方法如下。

◆ **根据产品的不同特性进行定价**：定价是提高经济收益的核心环节，只有用户消费的价格与运营成本产生较大的差别时，才可能获得较高的经济收益。可以采用心理定价、折扣定价和差别定价等策略，使用成本导向和竞争导向等定价方法。

◆ **引导用户持续消费**：引导用户持续消费或者形成习惯性消费的模式，也能在一定程度上提高经济收益，包括广告商代替用户付费、先试用后付费、积分体系、关联营销（例如泳衣与遮阳帽、太阳镜）、社会化推荐引擎销售、特殊通道等模式。

5．引导用户进行口碑传播

用户口碑传播更容易生成新用户，所以用户运营需要引导当前用户进行口碑传播。常用的策略和方法如下。

◆ **进行分享和邀请**：引导当前用户通过分享和邀请的方式导入更多的潜在目标用户，并给予当前用户一定的物质和精神方面的奖励。

◆ **口碑传播**：利用病毒式营销、创意推广和事件炒作等方式，将产品或品牌人格化、情感化和游戏化，迅速吸引用户的眼球，通过口碑广泛传播。

◆ **个性化**：通常是通过个性化定制的方式，使产品在功能、内容或运营机制方面超出用户预期，促使其进行传播。

6.3.3　搭建合理的用户体系

新媒体用户运营工作的内容繁多，且涉及方方面面，这些都需要进行用户运营规划，并搭建合理的用户体系。用户虽然都属于同一个目标市场，但并不是完全相同的类型，这就需要在用户运营的工作中进一步划分用户类别，并进行差异化对待。

1．种子用户

在新媒体运营过程中，种子用户可以定义为使用产品的第一批人，或者对产品的功能迭代更新具有重大意义的一群人。在用户运营体系中，各种类型的用户都具备成为种子用户的条件。一群优质的种子用户能为产品或平台带来巨大的流量。对于用户运营人员来说，精准地获取第一批种子用户是一件非常困难的工作，通常可以通过以下几个步骤进行。

◆**建立用户模型：**首先要建立临时的用户模型，对种子用户进行画像，分析和罗列出种子用户的基本属性，例如年龄、职业和爱好等。

◆**快速搜索目标用户：**这里的目标用户并不一定是产品的付费用户或者VIP用户，而是对产品的功能使用具备一定影响力的用户。例如数码相机的目标用户，不应该是普通的家庭或个人使用者，而是摄影发烧友，他们不仅把相机当成拍照工具，而且很乐于研究相机的各项功能和应用，力图优化相机的功能。

◆**对用户进行定位：**这一步就需要找到目标用户经常活动的区域，例如各种专业论坛、社交媒体、微博等，在其中可以获得更多的专业知识反馈。

◆**吸引目标用户，并制定运营策略：**对用户进行定位之后，需要通过各种持续性的互动吸引目标用户的注意，然后通过平台制造与产品相关的话题，通过各种运营手段将目标用户与产品联系起来。

◆**完成种子用户的转变，吸引其他用户：**将一定数量的目标用户组织起来，对产品和平台进行相关的信息传播，这一批目标用户就转化成第一批种子；通过种子用户的传播和推广，可以为产品或平台吸引大量的其他用户。

优质的种子用户能够成为具有号召力的团队，他们是新产品或新平台能够启动的重要因素。种子用户不仅是优秀的营销团队，还是产品或平台的品牌代言人，能够免费传播和推广产品。获取种子用户并创业成功的案例有很多，例如国外著名的问答社区Quora，是一个高水平的问答平台，创建初期没有用户，先由平台工作人员进行高质量的自问自答，然后到其他专业论坛发帖，进行筛选、联系和邀请，最终找到一定数量的用户成为首批内测体验人员。这些用户在Quora平台中继续提问和回答，然后吸引更多的用户，直到平台的用户人数达到一定的数量，才正式开放整个平台，让用户自己提问、回答和维护修改内容。

2．金字塔用户运营体系

新媒体的用户运营最根本的运营落脚点就是核心用户。在体系化、多层且互成因果的精细化运营思路中，核心用户并不只是一群人，而是多个类型的群体，各自发挥着不同的作用，并且群体之间也存在相互联系。

（1）用户产品

用户产品是以用户增长为目标的产品类型，运营的目标都集中在用户身上。在用户产品的运营过程中，著名的金字塔用户运营体系将核心用户划分为名人、专业用户、贡献用户、活跃用户和普通用户5个层次，如图6-5所示。

图6-5　用户产品的用户运营体系

◆ **名人：** 各行各业中成就突出而备受景仰的人物，通常为普通大众所熟知，如科学家、企业家、作家、运动员和演员等，其作用是提升产品或品牌的知名度和权威性。对这类用户的运营方式是根据其人脉或物质资源，单独将其引入和维护，形成专题性的品牌活动。

◆ **专业用户：** 专业领域内或有职业背景的用户，其作用是产出有可信来源或专业背书的高质量内容。对这类用户的运营方式是通过加V认证等方式，体现其与普通用户的差异化，提升在业内的影响力，打出个人品牌。

◆ **贡献用户：** 能够创造出优质内容的普通用户在用户运营体系中是内容的主要生产者，可以与专业用户生产的内容形成互补，完善整个内容生产。对这类用户的运营方式是由专人负责常规化运营，以明确的福利和要求形成用户内容生产项目，并在一定程度上保证用户的活跃度和流动性。

◆ **活跃用户：** 高频使用产品的用户，通常对产品或品牌有极高的忠诚度，这类用户在用户运营体系中是内容消费和产生互动的主力军，对贡献用户起到重要的辅助作用。对这类用户的运营方式是组织和策划参与度高、有实物奖励的线上活动，并为其适量提供一些福利和特权。

◆ **普通用户：** 登录或有过登录，但很少生产内容和参与互动的用户。这类用户在用户运营体系中数量庞大，是主要的内容消费者和活跃用户的源泉。对这类用户可以不做针对性运营，通过普通线上活动就可能将部分普通用户转化成活跃用户。

（2）商业产品

优秀的用户运营体系，应该是动态的金字塔层级的用户群体划分，上下层呈依赖关系，如图6-6所示。商业产品是以经济效益增长为目标的产品类型，运营的目标都集中在经济效益上。从用户运营角度看，运营需要引导用户做运营希望的事（这里是付费），这件事就是核心目标。动态的金字塔层级将用户划分为新用户、下载用户、活跃用户、兴趣用户和付费用户5个层次，运营需要根据不同层次的人群进行有针对性的运营。

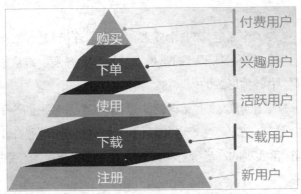

图 6-6　商业产品的用户运营体系

◆ **新用户**：注册成功的用户，通常会第一次使用或登录平台。对这类用户的运营方式是提供各种新用户福利，目的是希望其能下载产品或再次登录。

◆ **下载用户**：通过平台下载产品的用户，这里的产品包括各种应用、软件和游戏等。对这类用户的运营方式是做好新手引导，帮助用户快速熟悉产品的使用方法。

◆ **活跃用户**：多次使用产品的用户，对这类用户的运营方式是通过持续性运营，固化用户的使用习惯，并且使其对产品内容感兴趣，增加其使用产品的频率。

◆ **兴趣用户**：对于产品的性能或使用有更深层的要求的用户，对这类用户的运营可以使用不同的促销和营销手段，引导其完成付费决策，购买商品或服务。

◆ **付费用户**：完成付费的用户，也是用户运营的目标用户，对这类用户就需要提供足够且优质的服务，尽最大可能保持其活跃度，并通过各种个性化运营引导其继续消费。

总之，新媒体的用户运营就是以用户为中心，遵循用户的需求设置运营活动与规则，制定运营战略与运营目标，构建金字塔用户运营体系进行分类管理，通过拉新、留存、促活等手段，严格控制实施过程与结果，以达到预先设置的运营目标。

6.4 » 产品运营

在宏观意义上，新媒体运营只是产品运营的一个分支。而在新媒体领域，产品运营要求运营人员综合能力均衡，涉及面极广，既要懂运营又要懂产品，是一项针对产品并通过各种运营策略来实现运营目标的工作。

6.4.1　了解产品运营

新媒体的产品运营可以定义为从内容建设或产品生产、用户维护、活动策划3个层面来管理用户和产品，并产生产品或内容价值和商业价值的新媒体手段。其具体的工作则是策划与品牌相关、有高度传播性的内容和线上活动，向用户广泛或者精准推送消息，提高用户参与度和产品知名度，从而充分利用粉丝经济，达到相应目的。

1．产品运营的要素

产品运营的概念中包含了产品运营的3个要素：产品、连接和价值。

◆**产品：**产品是新媒体运营的基础，通常是指涉及产品开发、推广等环节的所有产品或者功能，以及新媒体中各种形式的内容等。

◆**连接：**连接是指编辑在新媒体产品运营的过程中架设产品生产者与用户之间沟通的桥梁，运营工作主要是在用户、生产者和其他运营者之间连接展开。

◆**价值：**价值是指运营实现的产品价值和商业价值，也是新媒体产品运营的根本目的。

2．产品运营的目标

一切产品运营的起点其实都是用户，因为任何一款产品（或服务）都是以用户为出发点，理解和实现用户的需求，而产品运营其实就是更快地向用户提供最佳的问题解决方案。产品运营的目标可以通过业绩收入或用户数量体现出来，也就是说，产品运营的目标主要表现在业绩增长、用户数量增长和用户活跃度提升等方面。

◆**业绩增长：**产品运营就是要找到合适的商业模式或盈利模式，将产品销售出去，实现业绩增长。

◆**用户数量增长：**新媒体领域中，用户数量通常可以决定产品的生存状况，用户基数越大，产品就可能拥有越多的潜在或现实用户。

◆**用户活跃度提升：**只有让用户产生兴趣，并且成为产品的忠实使用者或使用户活跃度提升，才能实现产品的价值。

3．产品运营的规则

新媒体编辑在进行产品运营时，应该以用户为起点，明确运营的目标，遵循运营的规则，这样才能真正完成运营的工作。产品运营的规则有以下几点。

（1）运营有成本

运营成本也可以称为经营成本或营业成本，是指企业销售商品或者提供劳务的成本。新媒体产品运营中的运营成本是指将产品或内容营销给用户这一过程中的所有消耗，包括产品或内容的生产消耗、各种人工费用和活动开支等。

（2）先聚焦然后细分

理论上，产品运营需要根据用户的类型进行产品细分。产品类型分得越细，就越容易满足用户个性化的需求，越容易实现经济效益的目标。但在实际产品运营中，细分通常会导致运营工作量和运营成本的增加，考虑到投入和产出的比例，产品运营更多应该先聚焦问题。对于新媒体来说，聚焦相当于网络中的一个页面，可以同时包容不同用户的需求，并让用户在其中迅速找到自己的需求点。其实大部分用户喜欢的是聚焦的内容，即使产品在不同的渠道位置，只要能被用户通过细分的类型查找到，结果也是不错的。

（3）保证运营的效率

在通常情况下，产品运营的效率会影响最终的经济效益。产品运营的效率下降，意味着成本的投入有浪费，目标用户定位不准，这样势必会有很多无效用户，导致流失率的加大和部分用户对产品的失望，最终结果就是经济收益减少；产品运营的效率提升，则意味着目标用户数量的增加和产品消费数量的增加，经济收益也会上升。所以，对于产品运营工作来说，效率可以看成衡量产品运营是否成功的核心。

（4）运营需要一个过程

产品运营并不能一蹴而就，就像登山一样，这是一个逐步提升的过程。产品运营前期需要通过各种运营手段不断地预热，给予用户一定的期望。产品运营中期则比较平稳，需逐步展示并满足用户的所有期望。产品运营后期则可以超越用户的期望，刺激用户消费，这样最后可以达到令人满意的效果。产品运营不要寄希望于最后一击命中用户的真实需求，而应该是一个稳定的、有效的、逐步的接触、引导、尝试、认知、渗透和熟悉的过程。

6.4.2 产品运营的核心价值

产品运营者应知道在运营过程中具体需要完成的工作，了解产品运营的核心价值，这对于开展产品运营工作有非常重要的意义。

1．从零开始，向用户传递产品价值

所有的产品，最初都是从零开始的。产品运营工作就是将这个产品推广给更多的人使用，实现产品的用户从无到有、甚至到无数的过程，并在这个过程中不断传递产品的核心价值，让用户习惯使用产品、为产品付费，最后通过反馈、传播和二次创造等方式为这个产品做出自己的贡献。这里传递的核心价值其实就是用户选择使用这个产品的理由，也就是产品的差异化和核心竞争力。产品运营在这一过程中的运营重点就是运用各种方法和渠道，将产品的核心价值凸显和放大，转变成用户更容易理解和接受的形式，呈现到用户面前。

2．不断完善，延长产品的生命周期

产品运营的核心价值还体现在不断总结完善并延续产品的生命周期方面。产品通常要经历摸索期、成长期、成熟期和衰退期4个生命周期，产品运营需要在不同的生命周期中，通过不同的运营手段来保证产品的正常使用。

◆ **摸索期：** 在产品的摸索期可以先招募一批高质量的用户进行内测体验，及时得到反馈并改进；或者发展种子用户，为产品制造话题和持续的关注度，并对产品进行传播。

◆ **成长期：** 成长期的变化主要体现在推广渠道、话题延展性以及用户运营的方式上。成长期中最重要的工作就是快速占领有效市场，可以通过铺渠道、打广告、造话题等方式，在大规模用户的心里形成很好的认知，初步建立品牌度，并将用户运营转向精细化运营。

◆ **成熟期：** 成熟期产品运营的重点应该是关注商业模式的变现和用户的活跃度。这一时期的产品用户数量通常保持在一定高度，企业不需要为了增加用户数量而向商业利益妥协，可以通过广告或更多的收费服务实现经济上的收益，这就是商业模式的变现。用户增长速度放缓导致用户活跃度降低的问题会变得异常突出，这就需要产品运营探索不同的运营策略，提升用户活跃度。当然，这也是用户运营的主要工作之一。

◆ **衰退期：** 产品的衰退和人类生命进入暮年相似，是无法阻止的，只能通过一些运营手段延长衰退时期，例如用户挽回运营等。

在产品经历了衰退期之后，可能会消失，也可能会蜕变重生，开始新一轮的生命周期。但对于产品运营来说，运营工作首先需要界定产品所处的生命周期，只有对产品的发展阶段做出了正确的判断，才能对症下药，不断地延长产品的生命周期。

3．以结果为导向，实现更多的经济收益

百川异源，而皆归于海，无论是在哪个阶段进行的产品运营，都是以结果为导向的，目的就是产生实际的经济收益，这也是衡量产品运营成功与否的重要标准。通俗地说，产品运营工作的目标就是"赚钱"，在具体的产品运营工作中需要将这一终极目标分解成多个小的目标，然后通过各种运营手段来完成这些小目标，最终实现大目标，这也是产品运营的核心价值之一。

6.4.3　产品分类及运营策略

产品运营工作也可以根据产品的分类来制订具体的运营策略。

1．产品分类

在新媒体领域，通常可以将产品简单分为平台产品、独立产品和入驻产品3种类型。

◆ **平台产品：** 平台自身不销售产品，而是通过构建平台系统连接用户和产品供应商的网站或软件，例如很多网购平台、知识问答平台等。

◆ **独立产品：** 由某个企业独立开发且满足某项独立功能的产品，例如电子书软件、天气软件等。

◆ **入驻产品：** 依靠平台为用户提供产品，平台中销售的产品都是该类产品。

2．平台产品的运营策略

平台的价值体现在入驻产品和用户之间的连接，而实现连接的基础则是平台的用户和入驻产品的数量，只有持续获取新用户和吸引新产品入驻，提升平台的流量，才能实现平台产品价值的提升。针对平台产品，常用的运营策略包括规则引导、活动统筹和渠道搭建。

◆ **规则引导：** 清晰准确的运营规则能够在平台运营过程中友好地引导入驻产品和用户的行为，保证平台的生态环境稳定循环。平台运营规则要保证公平、公正和公开，并保持足够的稳定，发布后不能轻易更改。

◆ **活动统筹：** 活动统筹是指将整个平台的商家活动组织在一起，进行统一联动。统筹活动的规模更大，更容易得到用户和媒体的关注，能在一定程度上提升平台的热度，例如著名的"双十一"购物节等。

◆ **渠道搭建：** 渠道搭建是指通过各种方式来建立引流渠道，吸引用户到平台中。常用的引流渠道包括官方微博、公众号、自媒体、合作的网站、付费广告等。

3．独立产品的运营策略

在新媒体领域，独立产品和平台产品都需要开发和升级，其产品运营的过程存在很多相似之处，也都需要设置用户规则、策划各种活动和搭建引流渠道。所以，独立产品可以参照平台产品的策略进行运营。

4．入驻产品的运营策略

入驻产品又可以细分为实体类、内容类和应用类3种类型。

◆**实体类：**通过入驻的平台进行销售的衣服、食品、电器、书籍等实物类产品。

◆**内容类：**通过内容平台销售的产品，新媒体编辑的文案、音视频等都属于这类产品，例如云课堂的课程、平台中付费销售的各种文案和软文等。

◆**应用类：**通过应用市场下载的产品，如App Store的软件、微信小程序等。

入驻产品的运营策略主要是排名优化和口碑传播。

（1）排名优化

平台产品通常会将运营的重点集中在提升平台流量上，而在平台中入驻的产品则需要将这些流量有效地引导到产品页面中。各大平台通常都有搜索功能，所搜到的产品通常会按照一定的顺序进行排名，产品排名越靠前，曝光效果越好。所以，入驻产品的运营重点就是提升自身在平台中的排名，这就是排名优化。

运营者需要在标题、描述、销量、评价4个方面进行排名优化。

◆**标题：**在标题或副标题中加入搜索频率高的关键词。

◆**描述：**在设置产品详情页时，增加大量关键词，提高搜索效率。

◆**销量：**通过促销、封面推广等营销手段，将产品的销量提到搜索排名的前列。

◆**评价：**在保证产品质量的前提下，尽可能多地引导用户给出优质评价，回复用户的各种疑问，并及时处理差评。

（2）口碑传播

对于非知名品牌的入驻产品来说，在产品运营过程中，既不需要花费太多又可以获得较好的效果的运营方式就是口碑传播。口碑传播需要注意以下3点。

◆**利用热点事件吸引流量：**这种方式需要选择合适的热点，也就是说热点要与产品或品牌产生关联；另外就是要注意切入热点的时机。

◆**制造有话题性的内容：**话题是形成口碑效应的必要因素，这就需要编辑策划出有争议、有态度的话题，吸引用户的关注，并获得大家的口碑传播。

◆将产品与公益活动结合：在组织运营活动的时候，尽可能将产品与公益活动结合起来；用户一旦参加这些活动，会迅速提升对产品的好感度，这将有利于产品的口碑传播。

6.5 » 活动运营

新媒体运营的本质是结合产品和内容，通过各种手段来提升用户的数量和质量，并产生足够的经济效益。无论是内容运营、产品运营、用户运营还是活动运营，在整个新媒体运营过程中它们是相辅相成、无法分割的。活动运营其实就是在某个时间阶段内进行的一次有目的的用户增长或转化提升活动。

6.5.1 活动运营的类型

明确活动目的在活动运营中具有非常重要的作用。如果一场活动的目的特别明确，且成功执行并完成，一般就能够迅速产生流量并带动用户的活跃和转化。所以，在新媒体活动运营过程中，通常按照活动目的来划分活动的类型。

1．品牌推广类

在新品牌或产品推出前，需要提升用户的品牌熟悉度；而对于一些已有一定知名度的品牌，要用常规性刺激来激励用户，可以采用品牌推广类的活动。这类活动不需要考虑用户的转化问题，可以采用事件营销或者广告输出等方式。品牌推广类活动虽然没有直接地进行大量的用户转化变现，却会在微博、朋友圈等新媒体平台中进行大量分享和传播，在极短时间内获得大量的曝光，使用户了解并熟悉这个品牌或产品。比较成功的案例包括新世相的"逃离北上广""丢书大作战"活动，这些活动给新世相带来了巨大数量的粉丝和极高的关注度。

2．吸纳新用户类

顾名思义，吸纳新用户主要是以提升新用户注册量和用户激活率为目的的活动类型，根据运营时间的长短又分为短期运营活动和常规化运营活动两种类型。

◆ **短期运营活动**：这种活动运营通过应用型功能并结合短时间精心策划的营销型事件，能在较短时间（通常不超过一周）内迅速进行病毒式传播并大量吸纳新用户，和品牌推广类的活动有相似性。例如朋友圈中著名的"柏拉图性格分析法"活动，在短短4天的时间里，带来了超过3亿的浏览量，为微信吸纳了超过400万粉丝。

◆ **常规化运营活动**：这种活动运营通常是针对新用户所发起的经常性活动，活动形式包括以老带新双方费用减免、产品初次使用免费/半价、新人注册送礼包等。

在活动运营中有一种比较特殊的活动类型，它通过线上和线下的活动，将已有的用户引到另一个新产品或品牌，并使其注册或激活成新用户。这种活动形式通常被称为引流活动，它也是吸纳新用户类活动的一种。引流活动也分为两种形式。

◆ **线上的引流活动**：这种形式包括在其他平台发布的带品牌/产品Logo或企事业名称的活动，例如常见的横幅广告或者其他商业合作活动等。

◆ **线下的引流活动**：这是微商和实体店常用的一种活动形式，通常借助新媒体，以消费优惠、实物发放、免费领取等方式，把用户引到线下的实体店中，并引导其进行二次消费。

3．提升用户活跃度类

对于已经注册的用户，活动运营的目标是提升其活跃度，从而减少用户流失率。这种类型的活动通常采用一些线下聚会、同城派对等线下活动形式增强用户之间的关系，通过活跃用户关联的方式提升其他用户的活跃度。另外，线上也可以采用一些如每日签到和积分商城之类的活动形式，培养用户的使用习惯和忠诚度。

4．用户转化变现类

用户转化变现类活动的目标就是经济上的收益，是以增加销量和促进变现为目的的活动类型，通常会通过线上营销、线下广告的形式进行活动运营。新媒体文案（特别是电商文案）中有很大一部分都是为这种活动服务的，例如"双十一"购物节、黑色星期五打折等。

6.5.2 线上活动运营的流程

与内容运营和用户运营需要长期积累不同，活动运营在新媒体运营中通常是短期的，是为了快速达到某一个目标而做的工作；而且这项工作在所有的运营方式中能够给予用户最明显的感知。根据执行环境的不同，活动运营可以划分为线上和线下两种形式。线上活动就是依托新媒体平台并在新媒体中完成用户的注册、激活、引流和转化等工作的活动，它也是新媒体用户接触的主要活动运营方式。

一场完整的线上活动运营包括准备、规划、实施、传播和复盘5个阶段。

1．准备

准备是线上运营活动的第一个阶段，目的是搭建活动运营的各种模块，包括活动的目标、用户、时限和预算等。做完这些准备工作后，才可以进入活动规划阶段。

- ◆ **活动目标：** 首先要确立活动运营的目标，常见的活动运营目标包括拉新、促活、转化和提升品牌知名度等。确定活动目标不仅可以引导运营的方向，还有利于获得其他协作部门的认同和支持。
- ◆ **活动用户：** 在确定活动目标后，就可以通过目标导向明确运营的用户群体，对用户进行画像，确认相关的用户特征，然后根据用户确定活动形式及推广渠道。
- ◆ **活动时限：** 活动运营以短期为主，运营前要根据活动的紧急程度及资源配置确定活动的时限。
- ◆ **活动预算：** 活动运营需要投入一定的资源，要根据前面准备的目标、用户和时限，分析和计算活动运营的花费，并得出一个最终量化指标。

2．规划

线上活动运营的规划阶段主要包含确定活动形式、制作策划案和活动文案3项主要内容。

（1）确定活动形式

规划阶段的核心环节是确定活动形式，因为活动的形式在一定程度上决定了活动的实施时间、运营成本及活动效果。线上活动形式通常由以下几个因素决定。

◆ **关联程度如何：**线上活动通常需要与活动目标、产品定位及用户画像进行关联；如果活动与产品和用户没有多大关系，就会造成用户的反感，减弱活动的效果。

◆ **能否引起用户的兴趣：**活动不能只有关联，还需要引起用户的兴趣，通常规则简单、操作方便、具有一定吸引力的活动更容易引起用户的关注和主动传播。另外，还有一些活动也能引起用户的兴趣，例如通过活动给用户一定的优惠，或者发起有争议的话题等，较典型的案例就是各种寻找"锦鲤"的活动。

◆ **能否具体实施：**线上活动的规划阶段还要考虑活动的可执行性，就是能否具体实施。例如投入和产出的比例，如果预估的人力成本和活动本身的成本大大超过了活动带来的效果，那就要考虑活动的必要性。

（2）制作策划案

线上活动的策划案通常包括活动主题、时间、背景、目的、描述、规则、传播渠道及节奏、预期效果、活动成本、投入产出比和风险控制等内容。

（3）制作活动文案

线上活动的文案通常包括活动规则、提示文案、分享文案和微信图文等。

3．实施

线上活动运营的实施阶段也包含3项主要内容，分别是管理工作进度、做好内部沟通和外部沟通。

◆ **管理工作进度：**在线上活动的具体实施过程中，将整个活动拆分成若干个环节，并标注好每个环节的时间节点、负责人及完成标准，让各环节负责人对自己正在做的和接下来要做的工作一目了然。同时对各项工作进行监督，提升工作效率，保证活动按时上线。

◆ **做好内部沟通：**内部沟通是非常重要的环节，虽然各个公司的内部构架不同，但线上活动的跨部门沟通都是根据活动上线时间倒推，它要求各环节负责人确定时间节点，更新执行案，把相关信息传达给各部门参与活动的员工。另外，在执行过程中，运营者需要多与设计和研发部门沟通，防止出现结果与预期不符的问题。

◆ **做好外部沟通：**外部沟通是指与线上活动的外部合作方进行沟通，活动负责人需要另外准备一份活动方案，明确告知合作方合作的收益、效果，以及具体工作安排。另外，外部合作不确定因素太多，为了保证线上活动的顺利进行，最好与合作方签署合作协议，并拟定备选合作方案。

4．传播

线上活动运营的传播阶段包含提前预热、实时监控和控制后期3项主要内容。

◆ **提前预热：**为了提升线上活动的效果，更好地完成预定目标，在活动开始前一段时间，可以通过文案宣传、H5等形式让用户了解活动信息，在一定程度上设置悬念，让用户持续地关注活动。

◆ **实时监控：**在线上活动过程中，需要全程宣传并实时监控整个活动的进程，包括实时监控活动数据、收集用户反馈，并根据活动数据适当调整运营节奏和策略。

◆ **控制后期：**控制后期的目的是防止冲高回落的现象，因为通常活动前期、中期用户的热情和活跃度较高，一旦到达后期各种活动数据往往会降低，会影响其他用户的加入。在制订预案的过程中，就需要针对这种情况提前制订应急方案，保证活动后期的用户活跃度仍然保持在一定高度。

5．复盘

复盘是对整个活动运营过程的重新演绎，目的是从整个活动过程中获得对活动运营的理解和认识，提升活动运营的能力。活动运营的复盘工作包括以下4个内容。

◆ **呈现结果：**将活动的最终结果以具体数据的形式在复盘时呈现，并进行从面到点的分析，例如用户的增加数量、活动投入与产出的金额、各种销量数据等。

◆ **分析结果：**根据结果数据和活动方案的目标数据进行对比和计算，得出分析结论，例如活跃度提升百分比、业绩提升幅度等。

◆ **分析差异：**根据分析结果得出的结论，找出活动的实际数据与目标的差异及其产生的原因，通过假设的方式对原因进行分析和验证，并得出结论。

◆ **总结经验：**找出整个活动过程中的优点和不足，为未来的活动运营提供经验。

6.5.3 线下活动运营的流程

线下活动是相对于线上活动的一些现实中的具体执行，很多时候只是线上活动的补充。和线上活动类型类似，线下活动运营的流程也包括5个主要的步骤。

1．制订活动整体方案

线下活动通常涉及赞助、场地、演出等具体的工作，这些都需要在活动方案中提前考虑到。另外，线下活动方案的主要内容应该包括活动主题、活动时间、活动地点、活动对象、活动描述、推广渠道、投放时间、投放资源位置、预期效果和成本预估等内容。

2．制订活动进程

在通过了方案后，通常需要根据已确定的活动时间梳理活动节点，分配好各项准备工作，确定各项工作负责人，并将整个进程通知所有参与活动的人员，同时保证所有参与人员的顺畅沟通和信息共享。图6-7所示为某活动的进程表格。

时间	事项	负责人	电话	备注
11月1日～ 11月3日	制作活动专题	***	13********	专题活动工作1234……
	设计线下物料	***	14********	物料设计工作1234……
11月4日	发布活动征集	***	15********	注意事项1234……
11月4日～ 11月8日	安排投放渠道	***	16********	实时监控整个渠道流程
	接待用户咨询	***	17********	熟悉活动整个流程
	统计活动报名	***	18********	制作统计表并每日反馈
	制作线下物料	***	19********	物料制作工作1234……
	准备活动礼品	***	20********	确认礼品并预定送达事项
11月9日～ 11月10日	通知人员	***	21********	根据名单逐一通知
		***	22********	
	布置场地	***	23********	按预定条件操作
		***	24********	
	主持走场	***	25********	按预案提前排练
11月11日	实施活动	***	26********	按执行案操作
运营总监：*** 电话13********				

图 6-7　线下活动进程表格

3．制订活动实施方案

活动运营需要制作一份活动现场的实施方案，结合设定的活动流程，把具体实施活动中的各项工作分配到具体的个人。这个实施方案通常需要规定精确的时间。具体实施方案包括以下一些内容。

◆ **活动目标**：简单描述活动，并说明本次活动的目的。

◆ **活动的时间和地点**：说明活动地点并规定工作人员到达活动现场的时间。

◆ **制定详细的活动流程**：按照时间制定活动的具体流程，包括具体时间段内应该完成的工作，并将每项工作分配到个人。

◆ **礼品清单**：把活动所需的物料和礼品按类别进行标注，并备注各物品在活动执行中会出现在哪个环节。

◆ **应急预案**：线下活动需要与用户直接接触，可能随时会出现各种突发状况，一旦处理不好很可能直接失去用户，并影响品牌形象，所以需要提前制订多套应急预案。

4．具体实施

具体实施就是按照活动流程表逐项完成所有的工作。在实施过程中需要注意内部工作人员的沟通和连接、用户的各种突发状况和活动流程的变化等问题。

5．总结和分析活动结果

活动结束后一般还需要将活动概述、活动效果统计等各部分成果和数据汇总成一个报告，总结经验教训。然后根据活动流程中出现的问题，思考以后的优化流程，并记录活动的优势与缺点，以增加活动运营的经验，提高活动运营的水平。

6.6 » 知识拓展——其他运营分类

根据产品自身属性的不同，可以从下面几种类型的运营架构去了解新媒体的运营工作。

（1）电商类产品的运营构架

电商类产品的运营构架由类目运营、品类运营、店铺运营、商品管控、商家管控和客服等组成。以上主要岗位的运营工作包括根据产品属性进行类目和品类设计管理，洽谈供应商或商家入驻（自营的需要库存管理），对商品进行包装发布、审核和质量管控，进行活动策划落地或流量推广，将更多的流量导入平台和特定的商铺，商品卖出后针对用户反馈进行部分售后客服工作，以及根据各部分数据的分析优化产品、提高收入。

（2）工具类产品的运营构架

工具类产品的运营构架由活动运营、流量运营、媒介运营、风险控制、客服和商务拓展等组成。以上主要岗位的运营工作包括通过商务拓展推广合作来丰富产品模块，通过活动等运营方法提升用户活跃度，提高转化率（部分岗位涉及流量的入口合作和广告变现等），最后就是整理和对接各种运营数据。

（3）社交类产品的运营构架

社交类产品的运营构架由用户运营、社区运营、会员运营、活动运营、流量运营和商务拓展等组成。其核心工作内容就是将大众变成用户，让用户在产品里按照确定的运营策略"生活"，引导用户进行消费并产生收益。

（4）内容类产品的运营构架

内容类产品的运营构架由文案编辑、内容审核、规则管理、活动运营、用户运营和版权管理等组成。以上主要岗位的运营工作就是制造出高质量的内容，甚至是爆款，并对内容进行包装和推广，让用户更容易、更便捷地消费。

（5）游戏类产品的运营构架

游戏类产品的运营构架由策划师、数据运营、会员运营、渠道运营、公会运营和海外业务等组成。以上主要岗位的运营工作包括对接国内外各种渠道以及渠道资源的洽谈，对渠道和渠道数据通过查看、监控、风险控制等方式进行数据分析，根据分析结果在游戏中设置礼包活动、玩家互动、公会、会员装备等级制度等，促使用户付费。

根据运营工作的性质也可以将运营工作分为以下几种运营类型。

◆ **销售性质的运营：**这种类型在工具类、电商类、游戏类的产品中比较常见，商家运营、渠道运营、流量运营、广告运营、商务拓展以及游戏海外业务等都属于这一类型。其重要性突出显示在产品的发展期和稳定期。

◆ **生产性质的运营：**这种类型在内容类的产品中比较常见，文案专员、编辑、音视频的设计、商品的设计以及产品的设计等都属于这一类型。其在产品生命周期的每个阶段都很重要。

◆ **维护性质的运营：** 这种类型的运营包括审核员、合规管理、社群运营、论坛贴吧管理员、公社管理以及客服等。其重要性突出显示在产品的成熟期。

◆ **策划性质的运营：** 这种类型以社交类和内容类的产品居多，活动运营、活动策划、事件营销、品牌运营以及广告营销等都属于这一类型。其在产品生命周期的每个阶段都很重要。

◆ **策略性质的运营：** 这种类型的运营属于比较高级的运营岗位，其运营人员包括运营经理、项目主管、主编、项目组长、活动总策划人等。这种类型的运营在产品生命周期的每个阶段都很重要。

第7章

专题策划

专题策划要求编辑发挥主观能动性，及时敏锐地捕捉热点问题、焦点现象、新闻人物、突发事件，积极主动地策划选题，参与版面与封面设计，创作和编辑内容，并通过运营活动来完成输出和传播，完成产品或品牌的营销推广。这是对编辑水平的真正考验，是编辑能力的充分发挥。本章通过分析多个新媒体平台中经典的专题策划案例，来帮助大家回顾和整理新媒体编辑工作的相关知识。

7.1 » 微博

微博是媒体属性非常突出的新媒体平台，也是基于用户关注的信息分享、发布和获取平台。广泛的传播力和影响力，使微博不仅成为人们生活中重要的社交工具，也被广泛应用于各种营销与运营活动中。对于新媒体编辑来说，微博是主要的营销和内容编辑平台之一。下面就介绍一些经典的微博营销实战案例。

7.1.1 可口可乐：昵称瓶定制

◆ **案例事件**

2013年夏天，可口可乐利用网络中的热门词汇推出了一系列带"昵称瓶"的新包装产品，"型男""小清新""你的甜心""氧气美女"等几十个极具个性、符合特定人群定位的有趣昵称被印在可口可乐的瓶标上，如图7-1所示。

图 7-1　可口可乐的昵称瓶定制活动

◆ **后续发展**

推出该活动后，可口可乐首先通过微博和微信等新媒体平台进行了活动的预热，然后将演员的演唱会作为该活动的正式开启标志，最后通过在微博上的产品、用户和活动运营来维持整个活动的热度。

微博上的运营活动主要是可口可乐与新浪微博微钱包合作推广昵称瓶定制版，让普通的消费者定制属于自己的可口可乐昵称瓶。定制不收取任何费用，消费者只需在可口可乐新浪微博主页选择自己中意的昵称名，并输入自己或希望赠送人的姓名，通过微博钱包进行邮费支付即可。

活动上线的第1天，300个昵称定制瓶1小时内被抢光；第2天的500个瓶则在30分钟内被抢光；第3天的500个瓶甚至只用了5分钟就被抢光。在后面的活动中，每天限量的定制瓶基本都是1分钟内被秒杀完毕。虽然整个活动的销量不大，但在新浪微博造成的分享与讨论，使其直接冲到了热门话题榜的前列。

◆案例点评

该营销活动在活动上线之前，便通过微博等新媒体平台的意见领袖及演员账号进行了预热，吸引到第一批想要购买定制瓶的用户。活动开始后，第一批购买的用户就会自发在微博等新媒体平台进行分享，于是会吸引更多的消费者参与到活动中来。在后面的活动中，通过病毒式的传播，依靠口碑带动品牌与产品影响力的几何级增长，该活动完成品牌推广的最终目标。

◆新媒体编辑点评

可口可乐昵称瓶微博营销案例充分运用新媒体特性，营销活动覆盖线上线下的推广，从"线上"微博定制瓶子到"线下"消费者收到定制瓶，而微博作为主要的推广平台，消费者通过微博拍照分享又回到"线上"。这是一个非常有代表性的微博营销案例。

7.1.2 雀巢："笨NANA"不笨

◆案例事件

2012年2月，雀巢上市了一款售价仅3元的冰淇淋"笨NANA"。在接下来的3个月中，该产品在新浪微博、人人网等新媒体平台中至少吸引了上百万人的讨论，其中包括其有趣的吃法、在哪里购买、味道如何等。在新浪微博上搜索"笨NANA"有近300万条结果，而且"笨NANA"还开通了新浪官方微博，吸引了大量的粉丝。此次营销活动最终至少吸引了上千万人的注意力，如图7-2所示。

图 7-2 创造经典微博营销案例的冰淇淋"笨 NANA"

◆后续发展

微博等新媒体的热议迅速拉高了这款新产品的销量，产品上市仅两个月就已经成为雀巢大中华区销量排名第二的单品，很多地方直接卖断货，其零售价格也不断上涨。

◆案例点评

"笨NANA"的运营是一次精心策划的、更强调与用户互动的新媒体营销活动。首先要让该产品有一个与众不同的、非常准确的定位——好玩、年轻、新鲜和时尚，这样的定位明显针对的是城市白领、大学生这一消费群体。这个消费群体年轻时尚，对新事物有很强的好奇心且消费能力强。接着让目标消费群体知晓产品，年轻人习惯通过手机接收新知，尤其相信口碑传播，并且乐于分享。针对这个消费群体，运营人员选择通过微博广而告知，使关注量不断攀升，再加上各种转发、其他商家主动宣传以及粉丝互动，产品迅速走红，运营人员轻松完成其销量计划。

◆ **新媒体编辑点评**

新媒体编辑在"笨NANA"的整个营销过程中一直占据了主导作用。在最初阶段，编辑通过美食类微博账号发布了各种关于该产品好吃好玩的文案，并分享图片，提前为产品上市进行预热，极大地提升消费者对产品的期待值。

第二阶段，编辑配合电视广告在微博上发布具体上市时间，并通过饥饿营销，在小范围上市；再开通"笨NANA"的官方微博，通过新媒体与消费者互动，吸引大量的关注。

第三阶段，产品大量上市，编辑通过关注微博上各种关于产品的内容并进行转发，或创造相同主题的内容进行进一步传播，如心急吃不了"笨NANA"、有一种崩溃叫买不到"笨NANA"等，结合流行元素和热点话题，保持产品的热度，并引导消费者主动成为传播者。

最后一个阶段，编辑将工作的重心转移到保持消费者对产品的兴趣和创造持续的参与感上来。在新媒体中实时关注消费者对产品的看法，并主动响应和相互交流，对反馈的数据进行分析和整理，为下一次营销做好准备。

7.1.3 野兽派：故事文案的成功营销

◆ **案例事件**

"野兽派"刚开始的时候没有实体店和网店，只有一个微博账号，仅凭微博上几张花卉礼盒的照片和140个字的文字介绍，迅速吸引了大量的粉丝。现在野兽派已经发展成为集花艺、饰品和美妆等于一体的艺术生活品牌，如图7-3所示。

图 7-3　野兽派花艺的镇店之作是"莫奈花园"

◆**后续发展**

野兽派选用进口花卉品种，倾听用户的故事，然后经过精心雕饰，针对不同的人群、送花与收花人的心境，将故事转化成花束，每束花都因为被赋予了丰满的故事而耐人寻味。而这些都通过微博上140字的温馨介绍，传播给粉丝，成为粉丝们的一种调节剂，并赢得了更多的粉丝。包装完成的花束只在微博上出售，用户如果是野兽派微博的粉丝，就可在微博上通过私信下订单和与客服交流，直接通过微博达成交易。

在很短的时间内，野兽派的粉丝很多完成了用户转化，在野兽派的微博上几乎每天都会展示送出的花束和这些花束背后的故事，这成了野兽派花店和粉丝保持互动的主要方式。大量的文艺青年被其吸引，许多演员也成了其用户，并利用自己的微博人气进行宣传，带动了野兽派的迅速成长。现在野兽派不但有网店，连实体店都开到了全国各地。

◆**案例点评**

野兽派成功的原因是通过故事营销来吸引用户完成转化，利用微博病毒式的故事传播，免费获得大量的潜在用户，最终将这些用户转化为付费用户，获得经济收益。花店的用户可以通过微博上的浪漫故事获得精神上的满足和各种生活中的正能量；而且，送出的花也被赋予了故事和情感，收花人收到的也是一个故事和一种情感。这种体验是传统花店所无法给予的，这是野兽派故事营销成功的关键。

◆**新媒体编辑点评**

新媒体编辑在创作文案时，非常重要的一个技巧就是让文案具有故事性。故事性文案的主题或内容定位应该是情感加上创意，这也是本案例营销成功的关键。另外，作为利用新媒体营销的案例，还有两点也是野兽派成功的因素：一是产品运营中的精准的用户定位，通过微博的粉丝，可以精准锁定自身的潜在用户；二是产品运营的个性化定制，现在的消费者越来越追求个性化生活，而野兽派就提供这种个性定制的服务。

7.1.4 支付宝：祝你成为中国锦鲤

◆**案例事件**

"中国锦鲤"可以说是影响力非常大、传播范围非常广、触达人群非常多的微博营销案例之一。2018年9月，支付宝发布了一条"祝你成为中国锦鲤"的微博，如图7-4所示。在不到6小时内转发量超过100万，周累计转发量超过300万，其最终阅读量超过了2亿次，成为企业营销史上最快达成百万级转发量以及迄今为止总转发量最高的企业传播案例。

◆**过程分析**

支付宝这一营销案例经历了4个阶段。

首先是启动阶段。2018年9月29日支付宝微博发布活动通知，发布仅仅6小时，这条锦鲤微博转发量就突破了100万。在这一阶段，运营团队做了以下一些工作：一是"预埋"了品牌合作方，并且要求这些品牌在规定的时间内发表评论和进行转发，提高了微博的传播速度；二是在活动发布后很短的时间内公布奖品清单，由于奖品价值和数量远超用户预期，因此极大地促进了参与者的参与热情，参与者通过转发带来更多的用户，产生一个正向循环的传播路径；三是活动的文案创作选择了非常热门的"锦鲤"一词，不但具有极高的热度，而且在微博平台中具有极强的传播性；四是支付宝还通过微信官方账号跟进发布了消息，其阅读量迅速超过10万，也为支付宝的官方微博带来了大量的有效流量。

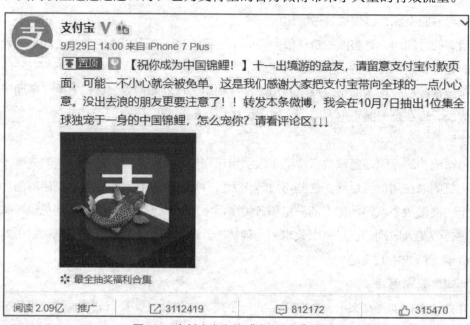

图 7-4　支付宝发布的"中国锦鲤"微博

　　其次是造势阶段。这主要是指从启动阶段完成，达到预期流量效果，一直到正式揭晓抽奖结果之间的这段时间。运营团队在这一阶段同样进行了很多工作，成功地完成了为最终揭晓答案"造势"的任务，包括支付宝官方微博反复提到了三百万分之一的获奖概率，让受众意识到如果面对"几乎不可能中奖"的概率，最后成为幸运者是多么不可思议且美妙的体验。支付宝巧妙地把这种心理利用起来，使之成为一个造势的点；另外，就是借助"基于话题的分发逻辑"来引导微信朋友圈的流量进入微博，进行跨平台传播。

　　再次是收官阶段。此阶段通过公布最终结果将话题引爆于微博等新媒体平台中。这同样需要运营团队进行营销推广：一是通过微博创作内容来公布结果，还通过视频方式使奖品清单本身的话题性最大化，吸引更多用户的关注；二是利用获奖者来制造可传播性的话题，再次引起巨大的转发量；三是官方微博制造新话题，引导用户参与——支付宝鼓励用户去获奖用户的微博下回复，沾沾喜气，将活动的人气提升到最高点。

　　最后是二次传播阶段。在活动结束后，考虑到巨大的话题热度，运营团队又策划了二次传播，最终既再次获得巨大的流量，也为本次活动画上了完美的句号。一是利用获奖者和演员互动，将话题热度再次提升；二是策划微博的人气博主发布相关的话题，继续维持活动的热度，最终获得超过1亿的阅读量，完美完成二次传播。

◆ **案例点评**

企业的锦鲤微博营销目标是提升企业的品牌知名度，从传播途径、用户习惯、商业环境和营销方向上都与传统的营销方法不同。微博等新媒体的语境和传播路径、媒介等赋予了品牌全新的营销思路，通过新媒体打造品牌逐渐成为品牌营销的主流方式。

支付宝与微博正是借鉴了这种思路，联手设计了"中国锦鲤"的营销活动。主办方通过将微博上常见的转发抽奖活动，加入"锦鲤""全球购物"和"海外支付"等符合主流消费活动语境的内容关键词，赋予品牌全新的营销思路。很多其他品牌都可以借这类营销活动，以礼物赞助等方式出现在宣传页中，还可以通过评论的方式获得极大的曝光度，并从中获取远超日常水平的点赞和评论数，甚至可以借活动热度与用户拉近距离并进行深度沟通。

不论微博是不是企业成功营销的关键，营销人员都必须做社交传播，这是在新媒体时代及移动互联网覆盖全球的背景下，越来越多的品牌选择微博作为与消费者沟通的媒介的缘由。

◆ **新媒体编辑点评**

从锦鲤这类营销活动中，新媒体编辑可以学习到一些手段：一是在事件的每一个环节上都要设置足够的话题并引导用户进行讨论；二是要创作更具有传播性的文案，并尽可能减小传播的阻力，甚至通过文案驱动传播；三是活动运营中要利用话题和福利（福利要足够丰厚，能吸引绝大多数用户参与）的方式来扩大传播，并且能进行多渠道传播。

这次营销事件也说明，新媒体编辑不能局限于利用新媒体进行营销和推广，还需要面向广大消费者，实现他们的身份的转变，引导消费者成为营销的一部分，这样才能更好地实现营销目标。

7.2 » 微信

微信作为常用的移动端应用之一，是新媒体编辑主要的内容发布平台和运营平台之一。微信用户数量巨大、用户黏性高、使用频率密集等特点，使其成为个人和企业营销的一大利器，也为开拓新媒体营销市场提供了广阔的空间和可能。下面就介绍一些经典的微信营销实战案例，帮助大家进一步了解新媒体编辑在微信营销中的具体工作。

7.2.1 星巴克：自然醒温情互动

◆ **案例事件**

2012年星巴克的官方微信公众平台推出了"自然醒"活动，用户只需要登录微信，通过扫描二维码即可将"星巴克中国"加为好友，如图7-5所示。然后只要通过微信向星巴克发一个表情符号，无论是高兴、悲伤或幸福，用户将即时收到星巴克给予的心情反馈，并同时享受星巴克《自然醒》音乐专辑，获得专为用户心情调配的曲目，和星巴克展开一番内容丰富的对话。活动一上线，立即获得大量粉丝的分享和传播，并极大提升了星巴克微信公众平台的人气，获得了大量的新用户流量。

图 7-5　星巴克微信营销案例

◆ **后续发展**

星巴克在全国的门店中粘贴其微信公众平台的二维码，引导门店中的消费者扫描关注，成为其微信公众平台的粉丝，然后利用"自然醒"活动让粉丝自主分享并进行传播，让星巴克微信公众平台的粉丝数短时间内暴增，品牌关注度迅速提高。

星巴克依靠这次微信营销活动，不仅将老用户从松散的管理状态中进一步集中到微信平台，也进一步拓展了用户群体，并将一部分游离在其他品牌中的用户引导到自己品牌的用户群体中。而且，通过微信公众平台的各种活动和营销推广，星巴克既增加了品牌的推广渠道，进一步展示了品牌特色，又获得了更多的用户关注。

◆ **案例点评**

星巴克作为一家专营咖啡饮料的外来企业，存在传统商业经营模式辐射面积小、用户参与度不高、受时间地点制约等弊端。而微信公众平台这一新媒体则具有轻松时尚、趣味性高、商家与用户互动性强等优势。星巴克正好充分利用了微信公众平台的及时性、个性化、互动性的优势，极大地增加了用户基数，提高了品牌知名度。

◆ **新媒体编辑点评**

星巴克的这种营销方式被称为互动式微信营销，它指的是通过一对一的推送，品牌可以与用户开展个性化的互动活动，为用户提供更加直接的互动体验。对于新媒体编辑人员来说，除了参与活动的策划和运营过程外，还需要完成活动的各种内容创作工作。

7.2.2　新世相：丢书大作战

◆ **案例事件**

2016年11月16日，整个微信朋友圈几乎被有关"丢书大作战"的活动霸屏，其主题文案

《我准备了10000本书，丢在北上广地铁和你路过的地方》的阅读量在1个小时内就飙升到10万，如图7-6所示。这次营销推广活动非常成功，其中每一个环节的参与者都有一定的收获：活动策划者新世相快速获得了极高的关注度和巨大的用户数量，参与的演员树立了良好的形象，普通用户获得了书籍和知识，其他赞助商也在这场活动中收获了一定的知名度和用户流量。

图7-6　新世相的丢书大作战微信营销

◆ **活动过程**

首先是活动的背景。《哈利波特》中的女主角艾玛·沃特森在伦敦地铁发起了"藏书"活动，活动得到了作者、作者的粉丝和出版社的大力支持，变成了一场有意思的寻宝游戏。

其次是活动的前期准备。中国新世相联系了该活动的运营机构，并得到了该机构的支持；获得出版社提供10000本书的支持；和演员及新媒体平台中有影响力的人物沟通，让他们参加这次活动并进行传播；和京港地铁、海南航空、滴滴顺风车等公共交通服务商达成赞助合作；由编辑人员制作专题网页及线上丢书和捡书的H5界面等，并在活动前一天通过新世相微信公众号发布活动预告。

再次是活动开始。参与活动的演员和著名人物，将10000本书丢在合作公共交通服务商的交通工具中，并通过微信和微博，进行广泛的转发和传播；普通用户可以通过微信中的线上捡书和丢书系统，直接参与到活动中。

再次是活动中期。新世相通过微信公众号发布多篇文案，既告知受众活动的进程，也进一步保证活动的热度；并通过活动的巨大影响力，继续联系并与多个城市的公共交通服务商和多个赞助商合作，将活动扩展到更多的城市；然后通过这些文案获得极大的关注度和大量的话题讨论，将活动的热度推向最高点。

最后是活动的后续发展。该活动可以一直延续很长时间，每天都还有一些用户在访问新世相微信公众号中该活动的页面，而且新世相搭建了图书共享服务"新世相图书馆"，提供丢书和捡书方式的读书服务。

◆案例点评

在新媒体时代，各种线上的段子、热点和H5营销模式层出不穷，广大受众已经逐渐产生了"审美疲劳"，于是结合形式多样、参与感更强和互动更直接的线下活动进行营销，能更有效地推广产品和品牌。新世相就是通过丢书、捡书这样一种新颖且有趣的寻宝活动，让线上与线下互惠互助，创造出了一种新的活动运营模式。

新世相丢书大作战就是通过在新媒体平台上的活动运营，形成品牌传播，其最大的特点就是呼吁受众参与这个活动，既能增加用户的互动参与度，同时也能增加品牌的关注度和活动的热度。

◆新媒体编辑点评

新媒体编辑可以从这个营销活动中学到以下知识：活动本身的公益性能加强其传播力度和传播价值，而借助公共场合完成活动则能加强其话题性；活动的参与成本较低会增加受众参与的积极性；名人效应可以直接扩大产品或品牌的知名度和影响力，也可以直接促进对新用户的吸纳工作。

在整个丢书活动的运营过程中，活动开始的预热文案和中期将活动推向高潮的文案起到了非常重要的作用。在新媒体行业，新世相最著名的不仅是丢书大作战这类刷屏级活动，还有那些细腻有力、慰藉心灵的文章。新媒体编辑可以从人生、工作和情感这3个关键词来学习新世相新媒体文案的创作技巧：通常写人生的文案，主题是强调"成长"的抽象意义；写工作的文案，主题则是陪伴或安慰那些疲惫的目标读者；写情感的文案，除了表达明确的态度，也需要通过一些情感故事来展示多种价值观。

7.2.3　宝马：全新BMW M2游刃朋友圈

◆案例事件

为了预热全新型号的汽车上市，宝马公司精心制作了一个微信H5，如图7-7所示。该文案通过大胆的、博人眼球的传播形式，精准传递了该产品的性能特点，在77分钟内便获得了超过10万的阅读量和各种刷屏级的分享与传播。这次微信营销不仅打破了宝马中国官方微信的纪录，而且也成为微信平台营销的经典案例。

◆营销过程

首先是营销的背景和目标。宝马公司的一款全新车型M2即将上市，这需要新媒体编辑在上市前提升这款车型的知名度和热度，通过新媒体传播放大其主要卖点，并进一步提升宝马汽车的品牌形象，增强品牌的美誉度，并搜集潜在客户的信息，推动目标车型的销售工作。所以，编辑根据该车型的产品特点，创造出三维汽车模型与二维App页面的交互形式，策划并制作了这个H5的互动页面。

图 7-7　宝马汽车的微信 H5

其次是营销的前期准备。在这个阶段，新媒体编辑的主要工作是制定营销的策略和进行内容创作。编辑首先从产品、传播和技术3个层面分析并设计出H5的主要表现效果，然后通过设置一个特别的标题吸引用户点开，H5开篇以加载新闻的方式超出受众的预期，以该车型直接狂飙于日常生活的各种媒体间的方式展示其强悍的性能，引发各种巧妙的互动，让用户直观地体会到该车型穿梭于各种媒体平台的强悍性能表现与自信。

再次是营销执行。运营人员在宝马的官方微信平台中发布，借助用户的猎奇心理，文案标题《该新闻已被BMW快速删除》吸引大量用户的好奇并促其点击阅读原文。待用户进入H5互动页面后，音效、动画及视频不断为用户呈现惊喜。

最后是营销的效果反馈。该H5只通过微信平台投放，吸引了大批自愿为其做宣传的用户的分享和传播，77分钟内微信阅读数破10万，最终微信阅读数达到100万，超过30家各种类型的媒体自发报道，行业专业媒体竞相专访，并引发无数品牌追捧和模仿，开启了H5流畅无缝交互先河。

◆ 新媒体编辑点评

H5的多媒体属性（可以实现文字、图片、音频、视频的组合和与用户互动）和跨平台属性（在多种新媒体平台都可以一键转发）可以实现内容的迅速传播，而且可以运用到营销活动、品牌宣传、产品介绍和用户互动等各种新媒体运营活动中。因此，H5在新媒体运营工作中具有非常重要的作用，是新媒体编辑必会使用的工具之一。

从新媒体编辑的角度，这个微信H5首先从标题上就足够引起用户的好奇心，并获得大量的关注。另外，该H5利用其多媒体属性，通过视觉和听觉上逼真的界面互动，保证了用户拥有一次非常流畅和震撼的体验。整个H5几乎都来源于创意，所以，即使它只是通过微信平台进行发布，依然被疯狂转发和传播，这就是创新内容本身的魅力。

7.2.4　腾讯：为爱充值

◆ 案例事件

2016年母亲节前夕，微信公众平台的腾讯手机充值订阅号发布"为爱充值，每一个妈妈都是孩子的超级英雄"H5页面，用户通过微信可以观看微电影《来自星星的妈妈》，并可以为自闭症孩子的妈妈捐款献爱心。这是根据真实故事改编的微电影，讲述了一位母亲化身变形金刚，引导以为自己来自变形金刚世界的自闭症儿子打开心灵之门的故事，如图7-8所示。短短一天的时间，该微信视频点击量超过1 000万，并迅速出现在各大媒体的推荐列表中，在接下来几天里，也一直"霸占"着整个微信朋友圈。

图 7-8　腾讯"为爱充值"微信营销

◆ **后续发展**

"为爱充值"的营销活动结束后，微信话费充值大数据显示，本次活动高达40%的用户选择为妈妈充话费，超过3万网友参与了腾讯的公益活动，进行了爱心捐助。

后来，腾讯手机充值在情人节推出的"爱情不停机"、在春节期间推出的关爱留守儿童的"耳朵山"等为爱充值系列营销活动也都取得非常骄人的成果，促成了几千万人观看，几十万用户充值和献出爱心，并进一步引发了数以万计的网友分享自己的充值故事。

◆ **案例点评**

这个微信平台发布的内容不仅让受众了解了自闭症儿童的真实生活，更把焦点集中在背后默默付出的妈妈和亲人身上，在故事和情感的辅助下，运营方既实现了公益的目标，也完成了经济上的收益。腾讯手机话费充值业务是腾讯旗下除红包、转账之外最大的支付业务，目前已积累超过3亿的用户。通过这3则内容的输出，腾讯不但建立了"为爱充值"的品牌形象，而且通过挖掘"充值"这个简单的功能背后的情感故事，将产品背后连接的人际情感沟通充分展现在用户面前，为品牌贴上了温暖的标签，体现出新媒体内容输出的典型效果。

◆ **新媒体编辑点评**

新媒体时代的品牌宣传，需要在内容的创作和输出上具备足够吸引用户并直击用户内心的元素。在腾讯手机充值的"为爱充值"系列营销活动中，无论是视频里流露出的真善美，还是不断致力于公益事业的品牌形象，无论是对各种节日热点的借势，还是讲述感动受众的故事，都完全符合新媒体的传播需求，也更容易获取更多的社会认可，促成良好的口碑传播。

7.3 » 网络新媒体

除了微信和微博这两个主要的新媒体平台外，论坛、新闻网站、视频直播网站和问答网站等也是新媒体的重要类型。新媒体编辑不仅要将微信和微博作为内容发布和传播的主阵地，而且要保护好其他新媒体的辅助阵地，形成多渠道、多元化、多方位的营销大格局。

7.3.1 快手短视频：谁先辣到你

◆ **案例事件**

2018年夏天，家乐辣鲜露在快手展开了一轮主题为"谁先辣到你"的营销推广活动，如图7-9所示。短短一周时间，这款产品的信息流投放获得总曝光量2 009万次，总点击率高达8.38%，比预估超额完成292%，品牌聚合页视频播放量达835.6万次，通过用户创造了超过1 000个原创视频，掀起了一场全民"辣鲜"热潮，进一步夺取流量红利，为产品获得更多的曝光量。

图 7-9 快手短视频的家乐辣鲜露千万级流量营销活动

◆ **营销重点**

本次活动的营销重点在于通过快手名人的影响力来提升活动的规模和产品的曝光度。家乐辣鲜露产品基于目标群体的契合度，找到了5位具有极高影响力的美食和烹饪名人，再由他们制作与产品契合的内容发布到快手新媒体平台中。这些营销作品通过短视频传达制作美食的专业能力，展现热辣的风味人生，引起广大受众群体的共鸣。其中一些单个作品播放量达数十万次；同时，在名人的带动下，该活动的话题标签页的参与数轻松突破1 000万。

◆ **新媒体编辑点评**

本案例是一个用户群体非常精准的营销活动，而为了精确找到产品的用户群体，需要庞大用户量的支撑。在快手新媒体平台中可以通过搜索方式找到具有相同标签的海量用户，庞大用户量是本次活动选择快手作为营销平台的主要因素。

与用户建立连接，让用户参与到品牌价值的建设中，是新媒体编辑在产品运营工作中最希望达成的互动效果。而短视频新媒体平台通常都鼓励用户记录自己真实的生活，用户传播的内容也多是不加粉饰的真实记录。真实是新媒体内容创作的第一规则，真实的内容既能拉近品牌与用户的距离，又能在用户与用户之间、用户与产品或品牌之间建立信任，这样才能使产品或品牌营销真正触达用户，形成一个内容、用户和商业的可持续良性营销生态。

7.3.2 QQ 空间：小米预售引爆流量

◆**案例事件**

2014年小米电器通过QQ空间进行新款手机发布，小米的QQ认证空间粉丝数从100万骤增至1 000万。时隔半年再次发布新产品时，其QQ认证空间已有接近2 700万的粉丝。特别是在第2次发布的准点时间，有超500万用户涌入了QQ空间的首发页面，页面的最高峰值一度达80万人/秒；而且有约1 500万用户参与了签到预约，小米由此创造了国内手机品牌新媒体平台预售的全新纪录，如图7-10所示。

图 7-10　小米发布的签到预约记录文案

◆**案例分析**

首先，小米在活动运营之前，通过数据分析和调查，精准匹配了用户群体。在微信和微博占据大部分流量的社交网络环境中，大多数品牌通过新媒体进行的营销活动也以这两个平台为主。根据用户群体的大数据分析，大多数年龄在25岁以下的年轻人的网络社交还是通过QQ，用户很喜欢上传照片到QQ空间，其中用手机拍照的比例接近70%，而小米手机在整个空间用户上传照片的安卓机型中排名第一，这就为小米手机利用QQ空间进行营销提供了足够的用户基础。

既然有具体的用户群体，激发整个群体的参与感才是获得口碑和引爆活动的关键。于是，活动并不只是发布简单的预售公告，而是分为三个激发群体活跃度的阶段：第一阶段是通过猜价格来提升活动的热度，第二阶段是通过签到、集赞等方式进行预售，第三阶段才是通过活动抢购产品。三个阶段环环相扣，逐步将互动的热度推向高潮。仅以集赞为例，最终有超过1亿用户参与点赞，为活动带来了巨大的流量。

◆**新媒体编辑点评**

在新媒体时代，各种新媒体平台层出不穷，多渠道运营已成为营销工作的常态。对于新媒体编辑来说，不能只把目光集中在一些大流量平台，应该分析不同新媒体平台的优势，结合营销产品或品牌的特点，有针对性地进行内容输出和营销推广。

小米的营销活动就经常利用论坛、微博、微信和QQ空间4个新媒体平台来进行，4个平台具有不同的新媒体属性，可以分别用来进行不同的营销活动。论坛是比较早期的新媒体社交平台，是小米用户早期重要的集中地，在论坛上，小米可以通过活动运营来解答问题、搜集数据和与用户互动；微博是小米进行新媒体营销的主要平台，在微博上，小米主要通过内容和活动运营来创造话题、吸引新用户和保持用户的活跃度；QQ空间具有一对多的传播特点，在QQ空间，小米可以通过内容和活动运营为其带来巨大的流量，保证产品和品牌有一个巨大的用户基数；微信具有很强的社交属性和定制开放性，小米微信公众号则更强调服务的功能，作为客服平台而存在。

7.3.3 知乎：用知识干货重塑品牌认知

◆ 案例事件

汽车品牌英菲尼迪选择以最纯粹的技术为切入点，借由知乎的知识信用背书，邀请专家进行10小时不间断拆车讲解，以此来改变用户认知，重塑品牌。最终有超过1万的知乎用户全程参与活动，活动吸引了大量站内优秀回答者，一举成为知乎直播营销的标杆级案例，如图7-11所示。

图 7-11 知乎的知识营销案例

◆ 后续发展

在直播活动完成后的很长一段时间里，直播中产出的优质内容又被汇总为原生文章，在知乎平台中进行二次传播。专业的深度解析被新媒体编辑转换成文字，进一步强化用户对该品牌在技术领域不断创新的认知。这些内容除了在知乎传播外，也通过微博、微信等其他新媒体平台被大量阅读与分享，在知识干货产生的长尾传播效应的影响下，这次活动最终带给品牌超过2亿的曝光量，极大提升了品牌热度和品牌专业性能，利用知识赋予了品牌极大的价值。

知乎区别于其他新媒体平台的一个较大优势就是用户活跃度和内容质量都很高，用户通常会非常认真地分享彼此的专业知识、经验和见解，对于问题的回答也比较理性和客观。所以，英菲尼迪选择知乎和时下最流行的直播手段，以10小时不间断震撼拆车的方式进行直播营销宣传，由技术总监亲自上阵拆解新车型，并邀请业内名人分别代表品牌、垂直媒体和用户参与全程，以最直白的方式将产品展现在用户面前，以加深用户对产品和品牌的理解。

本案例中，英菲尼迪的营销目标非常明确，就是"面对面"接触目标消费者，使其对品牌产生认知——即车体过硬的技术含量。在精确的目标引导下，活动运营借助问答型新媒体平台的提问方式与用户进行沟通，并利用原创文章和知识直播等方式进行多维度的传播。而知识本身具备的力量，使得品牌能够快速地给用户留下深刻印象。

◆ 新媒体编辑点评

在新媒体领域，知乎是一个网络问答社区，其用户大部分都是有一定知识的人群，在该社区中也有非常专业的问题与答案。所以，对于新媒体编辑，在这类新媒体平台中的营销推广方式应该是建立在专业知识基础上的内容运营和产品运营。

在新媒体编辑的工作中，针对知乎这一类型的新媒体平台，应该注意以下几点：一是以内容为主，可以利用故事（最好是原创故事）引导品牌；二是有效巧妙地运用话题引导流量，进行深度传播；三是在编辑的内容中尽量植入情感，尽可能引导内容的二次传播；四是利用知乎这一问答新媒体平台中的名人效应，充分利用名人自身所带的流量。

另外，新媒体编辑需要在知乎这一类型的新媒体平台中遵循以下编辑原则：一是输出的内容要有价值；二是内容要真实、贴近生活；三是营销的重点是内容本身。

7.4 » 新媒体文案

对于新媒体编辑来说，最基础也最重要的能力就是文案创作，文案在新媒体营销中的重要性日益突出。受众对于产品或品牌的第一印象很多时候都来源于文案。新媒体时代竞争激烈，同类型的产品或品牌太多，要想从中脱颖而出、让用户快速记住并产生购买的兴趣和欲望，优秀的文案创作必不可少。在新媒体营销过程中最重要的流量、用户、转化率和收益等，也都可以通过优秀的文案获取。

在新媒体时代，不管是企业老板、自媒体人，还是新媒体编辑，都应该花时间来学习文案写作，以创作出更出色的新媒体文案。

7.4.1 江小白：文案可能比产品更出名

◆ 案例事件

江小白其实是江小白酒业旗下的一款白酒，其被赋予了一个戴着眼镜的文艺男青年的拟人形象，主打年轻市场，特别是"80后""90后"等初试白酒的年轻人群。针对年轻用户追求个性的生活态度，江小白把主要的宣传文案放到了微博等新媒体平台中，其中最著名的就是"表达瓶"案例，如图7-12所示。江小白将用户提供的有意思的表达情感的、在喝酒消费场景中想讲的话，筛选后印制在产品瓶身上，塑造了江小白"情绪饮料"的品牌概念，使"白酒"的单一化概念得到了新的延伸，一举成名。江小白上榜2012年中国酒业风云榜年度新品，而江小白微博被新浪微博评为"2013年度重庆最赞微营销案例"。在其品牌标志"我是江小白，生活很简单"的带动下，各种文案语录成为年轻人流行的语言，"你的话很江小白"等话题也在各种新媒体平台中得到广泛传播。

图 7-12　江小白的表达瓶

◆ **后续发展**

其实自2012年起，江小白就策划了"遇见江小白"网上互动以及一年一度的"约酒"活动，从新媒体到现实生活，利用喝酒调动气氛来增加用户间的互动，并在网络中获得超过1.1亿次的点击。这不仅拉动了销售，还通过微信朋友圈这一新媒体形成品牌的二次传播。2015年，江小白又通过微博和微信等新媒体平台推出视频文案《友情岁月》，其24小时点击量突破100万，30天左右达到亿人次点击，一举奠定了其在新媒体文案创作领域的重要地位。此外，江小白还积极参与和策划各种年轻人喜欢的线下活动，例如演唱会、电影首映会等，通过这样的活动运营，让品牌和产品逐渐渗透年轻人的生活。

◆ **新媒体编辑点评**

新媒体编辑可以从江小白的案例中学习两个方面的内容，一是产品和品牌的运营，另一个就是文案的创作。

人们通过微信和微博这些新媒体平台发布信息的根本原因在于每个人都有表达的欲望，江小白的产品运营就是抓住这一点，通过产品瓶身上的文案，将产品变成表达用户态度和行为的载体，将用户转化成产品的传播者和代言人。这样不仅提高了品牌与用户的互动程度，还满足了消费场景的聚焦和私人定制。江小白就是在依靠新媒体平台运营的基础上，将传统的白酒产品打造成了一个超级自媒体品牌，实现了品牌转型。

新媒体编辑在运营中可以注意以下几点：一是结合自身的产品定位，精准地找到目标用户，江小白就是瞄准年轻用户的表达欲望和社交需求，进行了针对性的营销策划，才获得了成功；二是充分利用新媒体平台的社交属性，通过话题、评论等形式积极与用户互动；三是赋予产品自媒体属性，新媒体时代的消费者更注重通过个性化的产品或品牌来表达自己的精神需求，看重的是购买产品的附加值，包括社交性、沟通性等，而江小白的产品就是这样一个表达态度的社交平台，这个平台所产生的价值才是该产品在新媒体时代能够吸引用户、占据市场的关键。

从文案创作方面来看，江小白文案发现了产品的需求和机会，把产品和用户的（潜在）痛点联系起来，进而激发、唤醒了用户痛点，实现了产品销售的最终目的。江小白面向的是新青年群体，他们主张简单、纯粹的生活态度。江小白文案的内容主要是关于青春、理想、友情、爱情、家庭和工作等方面的经历和想法，很容易就触动人心；而且，江小白文案是站在消费者的角度去阐述经历，让许多消费者在文案塑造的场景中产生情感共鸣。刚刚踏入社会，事业、情感都不稳定的年轻人会很容易被这样的文字所带动，从而产生消费或引发自主传播。

依照马斯洛需求理论，江小白文案的创作诉求可以归纳为以下几个方面。

◆ **关于青春**：意气风发、回忆、岁月蹉跎、活力、风华正茂等，例如"青春不是一段时光，而是一群人""黑板上的字迹，是青春划过的痕迹""曾以为青春是，QQ签名里最后的倔强，原来青春在，没有美颜和滤镜的相片里"等。

◆ **关于理想**：奋斗、抱负、远大、不凡、成长、平凡等，例如"最怕不甘平庸，却又不愿行动""不想做一个多厉害的人，只想做一个不可替代的人""成长就是将哭声调成静音，约酒就是将情绪调成震动"等。

◆ **关于友情**：手足、离别、矛盾、叙旧、患难、遗憾等，例如"难忘的是故事里的酒，回味的是酒里的故事""终于说好老地方见，却已找不到那家店""早知道老同学很难再聚，寝室熄灯后的故事多说一点，新朋旧友的邀约更多一点"等。

◆ **关于爱情**：表白、失恋、暗恋、错过、一见钟情、海枯石烂等，例如"我在杯子里看见你的容颜，却已是匆匆那年""我把所有人都喝趴下，就为和你说句悄悄话""最想说的话在眼睛里，草稿箱里，梦里和酒里"等。

◆ **关于家庭**：温馨、牵挂、和睦、父母的爱、回家等，例如"多少次朋友圈里的孝顺，都不及一次回家""女儿，工作不如意，大不了就辞职回家，爸爸能养你一辈子"等。

◆ **关于工作**：失意、离职、压力大、努力、从头再来等，例如"耽误你的不是运气和时机，而是你数不清的犹豫""相信事在人为，也相信尽力无悔""我们拼尽全力，不是为了活成别人想要的模样""用自己拼来的一个可能，回敬所有人说的不能"等。

◆ **关于情感**：开心、孤单、忧愁、紧张、愉悦、幸福等，例如"人生就是在失望和狂喜里来回，在珍馐与淡饭间碰杯""时间说走就走，故事还在酒中停留""别把酒留在杯里，也别把话放在心里"等。

◆ **其他系列**：离家、早知道、简单生活、前任、酒桌文化等，例如"这一年，城市灯火总与你办公室的灯一起亮着，不为衣锦还乡，只为追寻自己的理想生活，给父母更好的生活""早知道心中所向始终念念不忘，当初就不必勉强迎合大众眼光，哪怕失败也至少做过自己""兄弟宴请要喝好，你若说今日状态不佳，他帮你叫上一壶热茶"等。

7.4.2 网易云音乐：自己的文案感动自己

◆**案例事件**

2017年，网易云音乐联合杭州地铁发起了"看见音乐的力量"营销活动。活动中，网易云音乐把点赞数高的5 000条优质乐评印满了杭州市地铁站。这些用户原创的乐评文案句句戳心，引起了广大受众的共鸣，于是迅速在朋友圈疯狂刷屏，如图7-13所示。

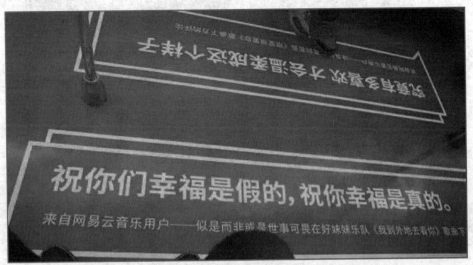

图7-13　网易云音乐用户评论文案

◆**案例点评**

相较于其他音乐播放平台，网易云音乐的用户自发撰写或引用的乐评一直是该平台重要的竞争力之一，也是用户表达情绪的重要渠道之一。在此前的一次站内用户调研中，超过一半的用户表示他们能在评论里找到慰藉或共鸣。以用户自己的内容做传播，讲述用户自己的故事，更容易感动其他有类似经历的用户。另外，地铁空间相对封闭，更容易令用户集中注意力，文案中的情绪传染也会加速，更容易引发用户强烈的共鸣。

◆**新媒体编辑点评**

网易云音乐的这个案例其实是一个典型的用户运营活动，就是把用户的情感、动态、思想等直接用文案的方式展示出来，不但实现了产品内部牢固的关系网，还提供了一个新的平台，可以快速拉动产品用户的活跃度。这次营销活动既满足了活跃用户的需求，也可以获得更多的新用户，同时完成了活动运营中"拉新"和"促活"等多项工作。

7.4.3 腾讯公益：H5 文案的公益传播

◆**案例事件**

"小朋友画廊"在微信中发布的《去"小朋友画廊"，用一块钱鼓励他们的天真与天赋》

公益捐助H5，30分钟内吸引的参与人次破百万，半天内完成项目筹款1 500万元目标，参与人数超过580万，活动收获了巨大的新媒体传播效果。其中，H5文案发挥了不可替代的作用，如图7-14所示。

图 7-14　新媒体平台中的 H5 公益文案

◆新媒体编辑点评

首先，从新媒体运营传播的角度来看，这次的活动具有这些特色：一是本案例中的活动运营具有很高的可信度和传播力度，这是因为活动在腾讯官方平台发布，而腾讯公益平台是国家认定的首批网络募捐平台之一；二是参与活动的门槛低，仅花1元钱就可以帮助一个需要帮助的人；三是活动内容质量高，参与者不但能看到优美的画作，还可以听到创作者的声音，并能将画作保存成手机壁纸；四是活动内容能迅速激起人们的情感认同，在较短时间内引起大范围的传播。

其次，从新媒体文案创作的角度来看，文案内容具备了一个完整的叙事过程，并通过简单的引导，使用户完成了购画、捐款、跳转微信支付等操作，给予用户简洁明了的交互体验。文案还通过文字介绍、配乐等多媒体手段，激发用户的即时情绪，进而引导用户进行观点表达和内容分享。H5文案在分享方面给予了用户一个合适的表达方式，并适当提供个性化选择，分享页面上展现了捐助者的名字和助捐作品，实现爱心可视化，并强调触动人心的是画作本身，达到了情感表达与公益目的的最佳结合。另外，捐助后的作品以壁纸的形式提供下载，"可见可得"的作品成为刺激H5分享的另一来源。

7.5 » 知识拓展——新媒体编辑成长干货

新媒体编辑已成为当今互联网时代的一个重要岗位，对于希望从事新媒体编辑的广大学生和职场新人来说，除了学习本书前面所讲的内容外，还可以了解下面的相关知识。

（1）新媒体企业的类型

不同的新媒体企业对新媒体编辑的要求不同。在应聘新媒体企业之前，大家需要了解新媒体企业的类型，并找到自己适合的企业。新媒体行业中的企业主要包括以下几种。

◆ **品牌型：** 这种类型新媒体企业的特点是对于新媒体有足够的理解，以市场营销为主，了解新媒体传播的意义，具有一定的创意能力，往往对新媒体编辑的能力要求侧重于策划运营，需要应聘者具有一定的创新精神。

◆ **销售型：** 这种类型新媒体企业的特点是能够将新媒体与营销完美结合，以销售活动为主，对于渠道、流量和工具有比较深刻的理解，能自如地运用互联网进行新媒体营销活动，对新媒体编辑的能力要求侧重于社交能力，常常更欢迎营销专业出身但希望转行至新媒体的应聘者。

◆ **代运营型：** 这种类型新媒体企业的特点是一般对新媒体不够了解，通常只是打包其他企业的相关新媒体运营业务，以运营工作为主，一般对新媒体编辑的能力要求侧重于运营能力，不需要应聘者具备强大的文案写作能力。

◆ **自媒体型：** 这种类型新媒体企业的特点正好与代运营型相反，他们往往建立在新媒体的基础上，善于自媒体矩阵的建立，并自带流量，通常把文案创作能力作为自己的核心竞争力，对新媒体编辑的能力要求侧重点一般在于文案创作能力。

◆ **盲目型：** 这种类型新媒体企业的特点是根本不了解新媒体，只是为了跟风，挂了一个新媒体的旗号，日常工作混乱，没有明确的目标，对于应聘者的要求也不高。进入这样的企业，应聘者不但学不到任何新媒体的相关知识，还容易迷失职业方向。

（2）新媒体如何实现经济收益

在新媒体领域中实现经济收益也可以称为变现，新媒体变现方式通常有以下几种。

◆ **流量变现：** 新媒体进行运营之后会拥有粉丝或用户，依靠这些用户给平台带来收益的方式就是流量变现。流量变现最主要的变现模式就是投放广告，通常当流量达到一定的标准之后，新媒体账号就可以参与平台的广告分发，收益随流量的增多而增多。微信、微博和QQ等新媒体平台就主要采用流量变现方式。

◆ **引流变现：** 通过把现有的粉丝或用户导向另一平台产生消费的方式就是引流变现，通常把电商、线下活动、建立社群组织等都概括在引流变现里。其中，电商模式是指在平台文章中插入商品链接，根据商品访问量以及购买转化量向电商收取一定费用；线下活动则是与商家合作的品牌方或平台方向粉丝或用户收费。

◆ **会员变现：** 类似于流量变现，但其收益的来源不同，粉丝或用户需要通过付费的方式转化为更高的级别，然后才享受特权，如免费领取专业课程或资料、免广告观看视频等。这也是普通媒体常用的一种变现方式。

◆ **内容变现：** 内容变现是新媒体变现的新方式之一，也就是近两年所兴起的知识付费。内容变现主要有两种方式，一是开设相关课程或编辑专业资料，并要求用户付费才可以使用；二是在问答平台中进行专业输出，从而获得收益。例如喜马拉雅、开氪、得到、分答、在行等各种知识付费新媒体平台。

◆ **打赏变现：** 打赏变现是新媒体变现的另一种新方式，最开始时作为视频直播平台的主要盈利模式出现，用户可以充值再向主播或作者赠送虚拟礼物，很多其他的新媒体平台也在使用这种模式，例如知乎、微博、微信等都开通了文章的打赏功能，这点又类似于内容变现。打赏时是否付费、付费多少均由打赏者决定，因为其介于"高境界的免费"和"内容付费"之间，网络打赏又被称为中国式互联网商业模式创新。